U0613079

★ 扫二维码获取赠品 ★

会计搜题 助你解题

赠品1
赠送基础课程

APP

赠品2
赠送考前冲刺课程

赠品3
赠送学堂1700+章节练习题

赠品4
赠送机考模拟系统

赠品5
赠送新大纲变化汇总

会计学堂懂会计、更懂你

—— 面授+实操+网课+名师就业指导+名企就业 ——

● **5万+** 课程终身更新 ❯ 涵盖会计实操、税务实操、CPA、CMA、初/中级会计职称、税务师等

● **600+** 答疑老师 ❯ 600+专属答疑老师，3分钟内快速答疑

● **1000+** 师资团队 ❯ 1000+各行业老会计、CFO分享会计实战经验

● **3**大学习终端云同步 ❯ 支持电脑、手机、平板多终端，小程序、APP同步学习

● **400+** 线下校区 ❯ smartSchool面授学习平台，线下线上切换学习，随时随地想学就学

● **AI智能题库** ❯ 自动评分，查缺补漏，智能备考，高效提分

🌐 登录官网了解更多：**W W W . A C C 5 . C O M**　　📞 客服热线：**400-6575-535**

名师课程 海量题库

按步骤操作，快速获取全套课程！

STEP 1

扫一扫，
下载 会计学堂APP

STEP 2

登录后在"我的"中
点击"**图书激活**"

STEP 3

刮学习卡的背面
输入 激活码 并激活

STEP 4

从"我的激活列表"
点击"去学习"

STEP 5

直播授课、高清录播
真题模拟、在线答疑

温馨提示：会计学堂APP赠送课程、题库、答疑服务自激活之日起**1年内有效**。

线下校区

‹‹‹ 400+校区，覆盖全国教学 ›››

全国连锁校区覆盖广东、湖南、四川、浙江、湖北、安徽、山东等多个省（自治区、直辖市），**线下小班教学，线上名师直播授课，线上线下学习随时切换。**

2017年
- 荣获新浪教育"品牌价值在线教育机构"
- 获达晨创投4150万A轮融资，学员超120万人次

2019年
- 荣获淘宝教育年度成交卓越奖
- 荣获中国好教育"社会信赖职业教育品牌"
- 荣获深圳高新技术企业"明日之星"
- 获金蝶软件战略投资，学员超300万人次

> **2017**

> **2019**

2016

> **2018**

> **2020**

2016年
荣获淘宝教育"最受欢迎职业教育品牌"

2018年
- 荣获新浪教育"品牌实力在线教育机构"
- 荣获腾讯教育"影响力在线教育品牌"，学员超200万人次

2020年
- 荣获中国总会计师协会"合作伙伴突出贡献奖"
- 第五年获得腾讯教育"影响力在线教育品牌"
- 荣获中国好教育"社会信赖职业教育品牌"
- 荣获淘宝教育"教育行业榜年度影响力品牌"

TIMELINE

🌐 登录官网了解更多：WWW.ACC5.COM   📞 客服热线：400-6575-535

学霸高分经验谈

以往通过考试的高分学员,他们都有着不同的备考经历,那么他们是如何高效备考的呢?

付出就有回报,这是我一直相信的一句话,但我觉得最关键的是我选择对了平台。当初咨询了很多机构,最终我选择了会计学堂。

从第一步听课时满书笔记到第二步听完之后的理解记忆,再到最后的做题巩固,我从最初的小白一步一步考取了这个分数,这里面有老师的辛勤付出,也有我自己的努力。

感谢家人无条件支持我的学习,同时也感谢会计学堂的认真负责,当然也感谢认真的自己。接下来我还会跟着学堂继续向上学习,考中级、注会。

我是一名宝妈兼上班族,每天上下班的时候都戴着耳机听课,实务和经济法两门精讲课里面都是很细的知识点,我都来回听了两遍,而且把难点、易错点都整理在笔记本上。虽然去年延考了,但今年我还是没松懈,一样跟着学堂老师的脚步走。

所以说,努力不会撒谎,但努力需要方向,而指引我前进的就是学堂老师。我特别喜欢劲姐和王侨老师的课,实务的话张艺老师的课也很不错。在这里我要感谢学堂老师的悉心教导,谢谢你们!现在我要向中级、税务师出发了。愿不负众望,所有美好如期而至。

零基础小白:总分192分   **宝妈上班族:总分189分**

★ **2021年度会计学堂初级会计职称获奖名单(部分)** ★

学号	姓名	经济法基础	初级会计实务	总分	排名	奖励名称	奖金费用
11932280	吴晓艳	99	99	198	1	状元奖	2000
11019445	李玲娜	97	100	197	2	榜眼奖	1500
12104544	张丽萍	96	99	195	3	探花奖	500
11961830	王安娜	96	99	195	4	探花奖	500
11210814	贾文莉	93	94	187	5	学霸奖	1000
9654870	周佼	94	92	186	6	学霸奖	1000
12651647	周建华	93	90	183	7	学霸奖	1000
138104	张涛	90	90	180	8	学霸奖	1000
13080489	刘欣雨	60	60	120	9	幸运奖	250
10863535	郑莉娟	60	60	120	10	幸运奖	250

备考初级

听课做题有问题解决不了?

用微信扫一扫,加入初级答疑交流群!
入群找你的班级领取以下福利:

🎁 考试咨询   🎁 考情分析   🎁 真题试卷   🎁 1对1答疑

扫码入群哦

🌐 登录官网了解更多:**WWW.ACC5.COM**   📞 客服热线:**400-6575-535**

初级会计实务
考点精编

CHUJI KUAIJI SHIWU
KAODIAN JINGBIAN

会计专业技术资格考试辅导教材编委会　编著

SPM
南方传媒　广东人民出版社

·广州·

图书在版编目（CIP）数据

初级会计实务考点精编 / 会计专业技术资格考试辅导教材编委会编著. —广州：广东人民出版社，2022.1（2022.7重印）

ISBN 978-7-218-15371-1

Ⅰ.①初… Ⅱ.①会… Ⅲ.①会计实务—资格考试—自学参考资料 Ⅳ.①F233

中国版本图书馆CIP数据核字（2021）第223676号

Chuji Kuaiji Shiwu Kaodian Jingbian

初级会计实务考点精编

会计专业技术资格考试辅导教材编委会　编著

出 版 人：肖风华

责任编辑：陈泽洪　寇　毅
文字编辑：张泱心　戴璐琪
封面设计：范晶晶
内文设计：奔流文化
责任技编：吴彦斌

出版发行：广东人民出版社
地　　址：广州市越秀区大沙头四马路10号（邮政编码：510199）
电　　话：（020）85716809（总编室）
传　　真：（020）85716872
网　　址：http://www.gdpph.com
印　　刷：三河市中晟雅豪印务有限公司
开　　本：787毫米×1092毫米　1/16
印　　张：10.5　　插　页：2　　字　　数：300千
版　　次：2022年1月第1版
印　　次：2022年7月第2次印刷
定　　价：45.00元　（随书附赠《初级会计实务思维导图》）

如发现印装质量问题，影响阅读，请与出版社（020-87712513）联系调换。
售书热线：020-87717307

会计专业技术资格考试辅导教材编委会

编委会成员： 王　侨　　靳焕一　　海　青　　柳　齐

张天天　　张　芮　　唐汨沙　　任晓娟

刘　敏　　胡　莎　　杨皓然　　吴艳丽

李　含　　周朝辉　　翁晶晶　　徐怡然

王毓震　　张琳敏　　陈　波　　晏　洁

前　言

初级会计职称考试的备考已经开始啦！接下来，我们简单地介绍一下初级会计职称考试的一些基础情况，以助您顺利通关。

一、考试时间

《初级会计实务》科目考试时长为105分钟，《经济法基础》科目考试时长为75分钟，两个科目连续考试，时间不能混用。

二、题型分布

考试题型	初级会计实务			经济法基础		
	题数	分值	合计	题数	分值	合计
单项选择题	20	2	40	23	2	46
多项选择题	10	2	20	10	2	20
判断题	10	1	10	10	1	10
不定项选择题	15	2	30	12	2	24
合计	55		100	55		100

三、复习方法

1. **定好计划**。"凡事预则立，不预则废。"各位考生应事先制订好科学且符合自身实际情况的复习计划，且要不折不扣地执行。

2. **加强练习**。建议考生在学习完本系列"考点精编"的每一节内容后配合"习题精编"进行练习。如果题目第一遍做错了，没有思路，也不要害怕，就做第二遍、第三遍……如此重复，量变会引起质变，最终将知识点吸收消化。

3. **杜绝"眼高手低"**。"觉得自己会做"和"真的会做"是两回事。只看题不做题或者只看答案不亲自动手做是永远不可能真正掌握知识点的，一旦换一种考查形式，考生可能就不会做了。因此，建议考生在复习过程中亲自动手做题。

在本书的编写和出版过程中，尽管编者精益求精，但由于时间紧迫，加之工作量大，书中难免有错漏和不足之处，恳请广大读者批评指正。邮件可发送至编者信箱kefu@acc5.com。

天道酬勤，有付出，定会有收获。最后，预祝所有考生顺利通过考试！

会计专业技术资格考试辅导教材编委会

目 录

Contents

第一章 概 述 · 001

第一节 会计概念、职能和目标 / 001

第二节 会计基本假设和会计基础 / 004

第三节 会计信息质量要求 / 006

第四节 会计职业道德 / 008

第五节 内部控制基础 / 009

第二章 会计基础 · 010

第一节 会计要素及其确认与计量 / 010

第二节 会计科目和借贷记账法 / 017

第三节 会计凭证和会计账簿 / 022

第四节 财产清查 / 031

第五节 会计账务处理程序 / 034

第六节 成本与管理会计基础 / 036

第七节 政府会计基础 / 042

第三章 流动资产 · 046

第一节 货币资金 / 046

第二节 交易性金融资产 / 051

第三节 应收及预付款项 / 054

第四节 存 货 / 059

第四章 非流动资产 · 071

第一节 长期投资 / 071

第二节　投资性房地产　　　　　　　　　　　　　　　　　　/ 076

第三节　固定资产　　　　　　　　　　　　　　　　　　　　/ 079

第四节　生产性生物资产　　　　　　　　　　　　　　　　　/ 086

第五节　无形资产和长期待摊费用　　　　　　　　　　　　　/ 088

第五章　负　债　　　　　　　　　　　　　　　· 091

第一节　短期借款　　　　　　　　　　　　　　　　　　　　/ 091

第二节　应付及预收账款　　　　　　　　　　　　　　　　　/ 092

第三节　应付职工薪酬　　　　　　　　　　　　　　　　　　/ 096

第四节　应交税费　　　　　　　　　　　　　　　　　　　　/ 100

第五节　非流动负债　　　　　　　　　　　　　　　　　　　/ 110

第六章　所有者权益　　　　　　　　　　　　· 111

第一节　实收资本或股本　　　　　　　　　　　　　　　　　/ 111

第二节　资本公积　　　　　　　　　　　　　　　　　　　　/ 115

第三节　留存收益　　　　　　　　　　　　　　　　　　　　/ 110

第七章　收入、费用和利润　　　　　　　　　· 122

第一节　收　入　　　　　　　　　　　　　　　　　　　　　/ 122

第二节　费　用　　　　　　　　　　　　　　　　　　　　　/ 134

第三节　利　润　　　　　　　　　　　　　　　　　　　　　/ 138

第八章　财务报告　　　　　　　　　　　　　· 144

第一节　概　述　　　　　　　　　　　　　　　　　　　　　/ 144

第二节　资产负债表　　　　　　　　　　　　　　　　　　　/ 146

第三节　利润表　　　　　　　　　　　　　　　　　　　　　/ 154

第四节　现金流量表　　　　　　　　　　　　　　　　　　　/ 157

第五节　所有者权益变动表　　　　　　　　　　　　　　　　/ 160

第六节　财务报表附注及财务报告信息披露要求　　　　　　　/ 161

第一章　概　述

第一节　会计概念、职能和目标

扫码听课

一、会计概念（★）

会计的概念及特征是本节的考点，如表1-1所示。

表1-1　会计的概念及特征

考点	考点详解
概念	以货币为主要计量单位，采用专门方法和程序，对企业和行政、事业单位的经济活动过程及结果进行准确完整、连续系统的核算和监督，以如实反映受托责任履行情况和提供有用经济信息为主要目的的经济管理活动（2022变化）
基本特征（2022变化）	1. 以货币为主要计量单位（货币不是唯一单位。会计还会用实物计量、劳动计量、时间计量等辅助计量单位） 2. 准确完整性、连续系统性

二、会计职能（★）

（一）会计的职能分类

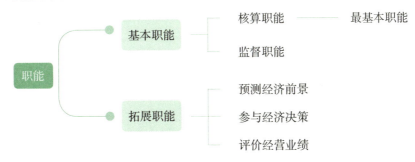

图1-1　会计职能

（二）会计的五大职能

表1-2　会计的五大职能

项目	考点详解
核算职能	是指会计以货币为主要计量单位，对特定主体的经济活动进行确认、计量、记录和报告 会计核算的内容主要包括： 1. 款项和有价证券的收付 2. 财物的收发、增减和使用 3. 债权、债务的发生和结算 4. 资本、基金的增减 5. 收入、支出、费用、成本的计算 6. 财务成果的计算和处理 7. 需要办理会计手续、进行会计核算的其他事项
监督职能 （2022变化）	是指会计机构、会计人员对其特定主体经济活动和相关会计核算的真实性、完整性、合法性和合理性进行审查，使之达到预期经济活动和会计核算目标的功能。真实性审查，是指检查各项会计核算是否根据实际发生的经济业务进行，是否如实反映经济业务或事项的真实状况。完整性审查，是指检查会计核算的范围和内容是否全面，是否有遗漏等不完整的情况。合法性审查，是指检查各项经济业务及其会计核算是否符合国家有关法律法规，遵守财经纪律，执行国家各项方针政策，以杜绝违法乱纪行为。合理性审查，是指检查各项财务收支是否符合客观经济规律及经营管理方面的要求，保证各项财务收支符合特定的财务收支计划，实现预算目标，保持会计核算的准确性和科学性
预测经济前景	根据财务报告等提供的信息，定量或者定性地判断和推测经济活动的发展变化规律，以指导和调节经济活动，提高经济效益
参与经济决策	根据财务报告等提供的信息，运用定量分析和定性分析方法，对备选方案进行经济可行性分析，为企业经营管理等提供决策相关的信息
评价经营业绩	利用财务报告等提供的会计资料，采用适当的方法，对企业一定经营期间的资产运营、经济效益等经营成果，对照相应的评价标准，进行定量及定性对比分析，作出真实、客观、公正的综合评判
基本职能的关系	两者是相辅相成、辩证统一的：会计核算是会计监督的基础，没有核算提供的各种系统性会计资料，监督就失去了依据；会计监督又是会计核算质量的保障，只有核算没有监督，就难以保证核算提供信息的质量

三、会计目标（★）

会计目标，是要求会计工作完成的任务或达到的标准，即向财务报告使用者提供与企业财务状况、经营成果和现金流量等有关的会计资料和信息，反映企业管理层受托责任履行情况，有助于财务报告使用者作出经济决策，达到不断提高企业、事业单位乃至经济社会整体的经济效益和效率的目的和要求。会计目标的内容如图1-2所示。（2022变化）

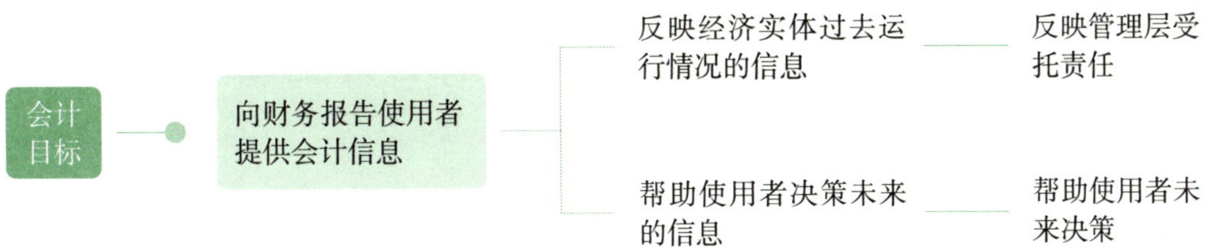

反映经济实体过去运行情况的信息 ——— 反映管理层受托责任

向财务报告使用者提供会计信息

帮助使用者决策未来的信息 ——— 帮助使用者未来决策

图1-2　会计目标

拿分要点

1. 会计资料及会计信息的使用者主要包括投资者、债权人、政府及其有关部门和社会公众等。

2. 投资者是企业资本的主要提供者，如果财务报告能够满足这一群体的会计信息需求，通常情况下也可以满足其他使用者的大部分信息需求。

扫一扫"码"上练题

打开微信扫一扫，关注公众号，点击"会计考试GO"小程序，即可线上练题。下载安装"会计学堂"APP，体验更多课程，参与万人模考，助您顺利通关。

基础阶段，建议考生结合视频课程进行学习，消化重难点。

后续可配套《习题精编》进行练习。

第二节 会计基本假设和会计基础

扫码听课

一、会计基本假设（★★）

会计基本假设是对会计核算时间、空间范围以及所采用的主要计量单位等所作的合理假定，是企业会计确认、计量、记录和报告（会计核算）的前提。会计基本假设包括会计主体、持续经营、会计分期和货币计量，如表1-3所示。

表1-3　会计基本假设

会计主体	会计工作服务的特定对象，是企业会计确认、计量、记录和报告的空间范围 【拿分要点】一般来说，法律主体必然是一个会计主体，但会计主体不一定是法律主体
持续经营	在可以预见的将来，企业将会按当前的规模和状态继续经营下去，不会停业，也不会大规模削减业务 【拿分要点】持续经营是会计分期的前提
会计分期	将一个企业持续经营的生产经营活动划分为一个个连续的、长短相同的期间 【拿分要点】会计分期的目的，是据以分期结算盈亏，按期编报财务报告，从而及时向财务报告使用者提供有关企业财务状况、经营成果和现金流量的信息。会计期间通常分为会计年度和中期。中期，是指短于一个完整的会计年度的报告期间，如月度、季度、半年度等（2022变化）
货币计量	会计主体在会计确认、计量、记录和报告时主要以货币为计量单位，来反映会计主体的生产经营活动过程及结果（2022变化） 【拿分要点】业务收支以外币为主的企业，可以选定某种外币作为记账本位币，但是编报的财务会计报告应折算为人民币

【例题·多选题】下列各项中，可确认为会计主体的有（　　）。（2020年）

A. 子公司

B. 销售部门

C. 集团公司

D. 母公司

【答案】ABCD

【解析】会计主体，是指会计工作服务的特定对象，是企业会计确认、计量、记录和报告的空间范围。选项A、B、C、D均可以进行独立核算，均可确认为会计主体。

二、会计基础（★★）

会计基础是指会计确认、计量、记录和报告的基础，包括权责发生制和收付实现制，如表1-4所示。

表1-4 会计基础

权责发生制	是指以取得收取款项的权利或支付款项的义务为标志来确定本期收入和费用的会计核算基础 要求（"两个凡是"）： 1. 凡是当期已经实现的收入和已经发生或者应当负担的费用，无论款项是否收付，都应当作为当期的收入和费用，计入利润表 2. 凡是不属于当期的收入和费用，即使款项已在当期收付，也不应当作为当期的收入和费用 【拿分要点】企业应当以权责发生制为基础进行会计确认、计量、记录和报告
收付实现制	是指以现金的实际收付为标志来确定本期收入和支出的会计核算基础 【拿分要点】预算会计采用收付实现制，国务院另有规定的，依照其规定

【例题·单选题】甲公司2021年12月的办公楼租金费用200万元，用银行存款支付180万元，20万元未付。按照权责发生制和收付实现制分别确认费用（ ）万元。

A. 180、20

B. 20、180

C. 200、180

D. 180、200

【答案】C

【解析】权责发生制应按200万元确认租金费用，而收付实现制按实际支付的180万元确认租金费用。

扫一扫"码"上练题

打开微信扫一扫，关注公众号，点击"会计考试GO"小程序，即可线上练题。下载安装"会计学堂"APP，体验更多课程，参与万人模考，助您顺利通关。

基础阶段，建议考生结合视频课程进行学习，消化重难点。

后续可配套《习题精编》进行练习。

第三节 会计信息质量要求

扫码听课

一、会计信息（★）

会计信息质量，是指会计信息符合会计法律、会计准则等规定要求的程度，是满足企业利益相关者需要的能力和程度。（2022新增）

二、会计信息质量要求（★★★）

会计信息质量要求是对企业财务报告所提供会计信息质量的基本要求，是使财务报告中所提供会计信息对投资者等信息使用者决策有用应具备的基本特征。主要包括可靠性、相关性、可理解性、可比性、实质重于形式、重要性、谨慎性、及时性等。如表1-5所示。

表1-5　会计信息质量要求

特征	内容
可靠性	企业应当以实际发生的交易或者事项为依据进行会计确认、计量、记录和报告，如实反映符合确认和计量要求的会计要素及其他相关信息，保证会计信息真实可靠、内容完整 【拿分要点】可靠性是会计信息质量最基本的要求
相关性	要求企业提供的会计信息应当与财务报告使用者的经济决策需要相关，有助于财务报告使用者对企业过去、现在或者未来的情况作出评价或者预测
可理解性	企业提供的会计信息应当清晰明了，便于财务报告使用者理解和使用
可比性	企业提供的会计信息应当相互可比 【拿分要点】1. 同一企业不同时期可比（纵向可比）：要求同一企业不同时期发生的相同或者相似的交易或者事项，应当采用一致的会计政策，不得随意变更（不是不得变更） 2. 不同企业相同会计期间可比（横向可比）：要求不同企业相同会计期间发生的相同或者相似的交易或者事项，应当采用同一会计政策，确保会计信息口径一致、相互可比
实质重于形式	企业应当按照交易或者事项的经济实质进行会计确认、计量、记录和报告，不仅仅以交易或者事项的法律形式为依据。例如：企业租入的固定资产 【拿分要点】企业租入的资产（短期租赁和低值资产租赁除外），虽然从法律形式来讲企业并不拥有所有权，但由于租赁合同规定的租赁期相当长，往往接近于该资产的使用寿命等，从经济实质来看，企业能够控制租入资产所创造的未来经济利益，企业应作为使用权资产进行核算与管理
重要性	要求企业提供的会计信息应当反映与企业财务状况、经营成果和现金流量有关的所有重要交易或事项 【拿分要点】重要性的应用需要依赖职业判断，企业应当依据其所处环境和实际情况，从项目的功能、性质和金额大小多方面加以判断

（续上表）

特征	内容
谨慎性	企业对交易或者事项进行会计确认、计量、记录和报告应当保持应有的谨慎，不应高估资产或者收益、低估负债或者费用。企业对可能发生的资产减值损失计提资产减值准备，对售出商品很可能发生的保修义务确认预计负债，对很可能承担的环保责任确认预计负债等，体现了会计信息质量的谨慎性要求。但是，谨慎性的应用并不允许企业设置秘密准备，如果企业故意低估资产或者收益，或者故意高估负债或者费用，将不符合会计信息的可靠性和相关性要求
及时性	企业对于已经发生的交易或者事项，应当及时进行确认、计量、记录和报告，不得提前或者延后 【拿分要点】收集会计信息及时，处理会计信息及时，传递会计信息及时

【例题·单选题】下列各项中，体现谨慎性会计信息质量要求的表述是（　　）。（2020年）

A. 对已售商品的保修义务确认预计负债

B. 提供的会计信息应当清晰明了，便于理解和使用

C. 不同时期发生的相同交易，应采用一致的会计政策，不得随意变更

D. 及时将编制的财务报告传递给使用者

【答案】A

【解析】谨慎性要求企业对交易或者事项进行会计确认、计量、记录和报告应当保持应有的谨慎，不应高估资产或者收益、低估负债或者费用，选项A正确；选项B体现的是可理解性；选项C体现的是可比性；选项D体现的是及时性。

扫一扫"码"上练题

打开微信扫一扫，关注公众号，点击"会计考试GO"小程序，即可线上练题。下载安装"会计学堂"APP，体验更多课程，参与万人模考，助您顺利通关。

基础阶段，建议考生结合视频课程进行学习，消化重难点。

后续可配套《习题精编》进行练习。

第四节　会计职业道德

扫码听课

提示：本节为教材2022新增内容。

一、会计职业及其风险（★）

表1-6　会计职业及其风险

概念	指利用会计专门的知识和技能，为经济社会提供会计服务，获取合理报酬的职业
特征	社会属性、规范性、经济性、技术性、时代性
风险	指会计职业行为产生差错或不良后果应由会计行为人承担责任的可能性。企业会计的职业风险主要产生于以货币作为主要计量单位和公司治理等多方面

二、会计职业道德概述（★）

表1-7　会计职业道德概述

会计职业道德概念		是指会计人员在会计工作中应当遵循的、体现会计职业特征的、调整会计职业关系的职业行为准则和规范
会计职业道德与会计法律制度	联系	在内容上相互渗透、相互吸收；在作用上相互补充、相互协调 会计职业道德是会计法律制度的重要补充，会计法律制度是会计职业道德的最低要求，是会计职业道德的基本制度保障
	区别	性质不同；作用范围不同；表现形式不同；实施保障机制不同；评价标准不同

三、会计职业道德的内容（★）

会计职业道德的主要内容可概括为爱岗敬业、诚实守信、廉洁自律、客观公正、坚持准则、提高技能、参与管理、强化服务八个方面。

四、会计职业道德管理（★）

1. 增强会计人员诚信意识

2. 建设会计人员信用档案

3. 会计职业道德管理的组织实施

4. 建立健全会计职业联合惩戒机制

基础阶段，建议考生结合视频课程进行学习，消化重难点。

后续可配套《习题精编》进行练习。

第五节 内部控制基础

扫码听课

提示：本节为教材2022新增内容。

一、内部控制的概述（★）

表1-8 内部控制的概述

概念	指由企业董事会、监事会、经理层和全体员工实施的、旨在实现控制目标的过程。内部控制的实施主体由企业董事会、监事会、经理层和全体员工所构成 控制的过程涵盖三个方面：生产经营管理活动全过程的控制，企业风险控制的全过程，信息收集、整理、传递与运用的全过程
作用	1. 有利于提高会计信息质量 2. 有利于合理保证企业合法合规经营管理 3. 有助于提高企业生产经营效率和经济效益
目标	是建立健全并实施内部控制应实现的目的和要求。包括合理保证企业经营管理合法合规、资产安全完整、财务报告及相关信息真实完整、提高经营效率和效果、促进企业实现发展战略五个目标

二、内部控制要素（★）

内部控制要素，是指对内部控制的内容和措施方法的系统的、合理的、简明的划分。建立有效的内部控制，至少应当考虑内部环境、风险评估、控制活动、信息与沟通和内部监督五项基本要素。

内部控制各项控制要素之间是一个有机的多维的相互联系、相互影响、相互作用的整体，共同构成实现内部控制目标的体制机制和方式方法的完整体系。内部环境作为五要素之首，是整个内部控制体系的基础和环境条件；风险评估是实施内部控制的重要环节，是实施控制的对象内容；控制活动是实施内部控制的具体方式方法和手段；信息与沟通是实施内部控制的重要条件，贯穿于风险评估、控制活动和内部监督各要素之间；内部监督是实施内部控制的重要保证。

扫一扫"码"上练题

打开微信扫一扫，关注公众号，点击"会计考试GO"小程序，即可线上练题。下载安装"会计学堂"APP，体验更多课程，参与万人模考，助您顺利通关。

第二章　会计基础

第一节　会计要素及其确认与计量

扫码听课

一、会计要素及其确认条件（★★★）

　　会计要素是指根据交易或者事项的经济特征所确定的财务会计对象和基本分类。会计要素按照其性质分为资产、负债、所有者权益、收入、费用和利润，其中，资产、负债和所有者权益要素侧重于反映企业的财务状况，收入、费用和利润要素侧重于反映企业的经营成果。如图2-1所示。

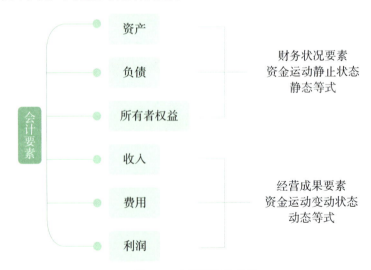

图2-1　会计要素的分类

（一）资产

表2-1 资产

定义	企业过去的交易或者事项形成的、由企业拥有或控制的、预期会给企业带来经济利益的资源
特征	1. 资产应为企业拥有或者控制的资源 【拿分要点】拥有→所有权，控制→控制权（如租入的资产） 2. 资产预期会给企业带来经济利益 【拿分要点】预计无法收回的账款，不能给企业带来经济利益，故不属于企业的资产，通过计提坏账准备的方法从应收账款中扣除 3. 资产是由企业过去的交易或者事项形成的（包括购买、生产、建造行为等） 【拿分要点】预期在未来发生的交易或者事项不形成资产，即资产必须是现实的资产，而不能是预期的资产。如准备购入的原材料，不属于企业的资产
确认条件	将一项资源确认为资产，需要符合资产的定义，还应同时满足以下两个条件： 1. 与该资源有关的经济利益很可能流入企业（50%＜"很可能"≤95%） 2. 该资源的成本或者价值能够可靠地计量
资产的分类和内容	企业资产分为流动资产和非流动资产。其中，流动资产包括货币资金、交易性金融资产、应收票据、应收账款、预付款项、其他应收款、存货、合同资产、一年内到期的非流动资产等；非流动资产包括债权投资、其他债权投资、固定资产、在建工程、使用权资产、无形资产、开发支出、长期待摊费用、递延所得税资产、其他非流动资产等

（二）负债

表2-2 负债

定义	企业过去的交易或事项形成的，预期会导致经济利益流出企业的现时义务
特征	1. 负债是由企业过去的交易或事项形成的 2. 负债是企业承担的现时义务（不是潜在义务） 3. 负债预期会导致经济利益流出企业
确认条件	将一项现时义务确认为负债，需要符合负债的定义，还需要同时满足以下两个条件： 1. 与该义务有关的经济利益很可能流出企业 2. 未来流出的经济利益的金额能够可靠地计量
负债的分类和内容	企业负债分为流动负债和非流动负债。其中，流动负债包括短期借款、交易性金融负债、应付票据、应付账款、预收款项、合同负债、应付职工薪酬、应交税费、其他应付款、一年内到期的非流动负债、其他流动负债等；非流动负债包括长期借款、应付债券、租赁负债、长期应付款、预计负债、递延收益、递延所得税负债、其他非流动负债等

（三）所有者权益

表2-3　所有者权益

定义	企业资产扣除负债后，由所有者享有的剩余权益。公司的所有者权益又称为股东权益 所有者权益是所有者对企业资产的剩余索取权，它是企业的资产扣除债权人权益后应由所有者享有的部分，既可反映所有者投入资本的保值增值情况，又体现了保护债权人权益的理念
确认条件	所有者权益体现的是所有者在企业中的剩余权益，因此，所有者权益的确认、计量主要依赖于资产和负债的确认和计量
分类	1. 所有者投入的资本，是指所有者投入企业的资本部分，它既包括构成企业注册资本或者股本的金额（实收资本／股本），也包括投入资本超过注册资本或者股本部分的金额，即资本溢价或者股本溢价 2. 其他综合收益，是指企业根据会计准则规定未在当期损益中确认的各项利得和损失 3. 留存收益，是指企业从历年实现的利润中提取或形成的留存于企业的内部积累，包括盈余公积和未分配利润

（四）收入

表2-4　收入

定义	企业在日常活动中形成的、会导致所有者权益增加的、与所有者投入资本无关的经济利益的总流入
特征	1. 收入是企业在日常活动中形成的 2. 收入会导致所有者权益的增加 3. 收入是与所有者投入资本无关的经济利益的总流入 【拿分要点】收入与投资者投入资本无关，因为投资者投入资本直接形成了所有者权益，而非收入
确认条件	当企业与客户之间的合同同时满足下列条件时，企业应当在客户取得相关商品控制权时确认收入： 1. 合同各方已批准该合同并承诺将履行各自义务 2. 该合同明确了合同各方与所转让商品或提供劳务相关的权利和义务 3. 该合同有明确的与所转让商品或提供劳务相关的支付条款 4. 该合同具有商业实质，即履行该合同将改变企业未来现金流量的风险、时间分布或金额 5. 企业因向客户转让商品或提供劳务而有权取得的对价很可能收回
分类	日常活动产生的收入通常包括主营业务收入和其他业务收入，即营业收入

（五）费用

表2-5　费用

定义	企业在日常活动中发生的、会导致所有者权益减少的、与向所有者分配利润无关的经济利益的总流出

（续上表）

特征	1. 费用是企业在日常活动中形成的 2. 费用会导致所有者权益的减少 3. 费用是与向所有者分配利润无关的经济利益的总流出 【拿分要点】分配股利不属于费用
确认 条件	费用的确认除了应当符合定义外，还至少应当符合以下条件： 1. 与费用相关的经济利益应当很可能流出企业 2. 经济利益流出企业的结果会导致资产的减少或者负债的增加 3. 经济利益的流出额能够可靠计量
分类	费用具体包括营业成本、税金及附加和期间费用 1. 营业成本包括主营业务成本、其他业务成本 2. 期间费用是指企业日常活动发生的不能计入特定核算对象的成本，而应计入发生当期损益的费用，包括管理费用、销售费用和财务费用

（六）利润

表2-6　利润

定义	企业在一定会计期间的经营成果
确认条件	利润总额＝营业利润＋营业外收入－营业外支出 利润的确认主要依赖于收入和费用，以及直接计入当期利润的利得和损失的确认，其金额的确定也主要取决于收入、费用、利得和损失金额的计量
内容	利润包括收入减去费用后的净额、直接计入当期利润的利得和损失等 1. 收入减去费用后的净额反映企业日常活动的业绩 2. 直接计入当期利润的利得和损失，是指应当计入当期损益、会导致所有者权益发生增减变动的、与所有者投入资本或者向所有者分配利润无关的利得或者损失（利润总额）

【例题·多选题】下列各项中，不属于企业资产的有（　　）。

A. 约定未来购入的存货

B. 盘亏的固定资产

C. 临时租入的半年租期的仓库

D. 生产成本

【答案】ABC

【解析】选项A，不是由企业过去的交易或事项形成；选项B，预期不会给企业带来经济利益；选项C，不是企业拥有或控制的资源。以上均不属于企业的资产。选项D，构成在产品成本的一部分，属于资产。

二、会计要素计量属性及其应用原则（★★★）

会计计量是为了将符合确认条件的会计要素登记入账并列报于财务报表而确定其金额的过程。会计计量属性主要包括历史成本、重置成本、可变现净值、现值和公允价值等，其内容如表2-7所示。

表2-7　会计计量属性的内容

历史成本 （实际成本）	是指为取得或制造某项财产物资时所实际支付的现金或现金等价物 1. 资产按照其购置时支付的现金或者现金等价物的金额，或者按照购置时所付出对价的公允价值计量 2. 负债按其因承担现时义务而实际收到的款项或者资产的金额，或者承担现时义务的合同金额，或者按照日常活动中为偿还负债预期需要支付的现金或者现金等价物的金额计量
重置成本 （现行成本）	是指在当前市场条件下，重新取得同样一项资产所需支付的现金或现金等价物金额 1. 资产按照现在购买相同或者相似资产所需支付的现金或者现金等价物的金额计量（多在盘盈固定资产入账时采用） 2. 负债按照现在偿付该项债务所需支付的现金或者现金等价物的金额计量
可变现净值	是指在生产经营过程中，以预计售价减去进一步加工成本和销售所必需的预计税金、费用后的净值 【拿分要点】主要应用：存货期末按成本与可变现净值孰低计量
现值	指对未来现金流量以恰当的折现率进行折现后的价值，是考虑货币时间价值因素等的一种计量属性 1. 资产按照预计从其持续使用和最终处置中所产生的未来净现金流入量的折现金额计量 2. 负债按照预计期限内需要偿还的未来净现金流出量的折现金额计量
公允价值	是指市场参与者在计量日发生的有序交易中，出售一项资产所能收到或者转移一项负债所需支付的价格

【例题·单选题】企业取得或生产制造某项财产物资时所实际支付的现金或者现金等价物属于（　　）。（2019年）

A. 现值　　　　　B. 重置成本

C. 历史成本　　　D. 可变现净值

【答案】C

【解析】历史成本又称实际成本，是指取得或制造某项财产物资时所实际支付的现金或者现金等价物，选项C正确。

三、会计等式（★★）

会计等式，又称会计恒等式、会计方程式或会计平衡公式，它是表明会计要素之间基本关系的等式。其分类和内容详见图2-2和表2-8，交易或事项对会计等式的影响见表2-9。

图2-2　会计等式

表2-8　会计等式的分类和内容

静态会计等式	资产＝负债＋所有者权益 这一等式反映了企业在某一特定时点资产、负债和所有者权益三者之间的平衡关系，因此，该等式被称为财务状况等式、基本会计等式或静态会计等式，它是复式记账法的理论基础，也是编制资产负债表的依据
动态会计等式	收入—费用＝利润 1. 企业在取得收入的同时，必然要发生相应的费用。通过收入与费用的比较，才能确定一定期间的盈利水平，确定实现的利润总额 2. 该等式反映了利润的实现过程，称为经营成果等式或动态会计等式。收入、费用和利润之间的上述关系，是编制利润表的依据
动静结合的等式	资产＝负债＋所有者权益＋利润 利润＝收入—费用 资产＝负债＋所有者权益＋（收入—费用） 费用＋资产＝负债＋所有者权益＋收入

表2-9　交易或事项对会计等式的影响

交易或事项的变化	资产＝负债＋所有者权益		举例
	等式左边	等式右边	
一项资产增加、另一项资产等额减少的经济业务	一增一减	不变	从银行提取现金2万元
一项资产增加、一项负债等额增加的经济业务	增加	增加	向银行借入短期借款8 000元
一项资产增加、一项所有者权益等额增加的经济业务			收到价值500万元的实物投资
一项资产减少、一项负债等额减少的经济业务	减少	减少	以银行存款2 000万元偿还前欠货款
一项资产减少、一项所有者权益等额减少的经济业务			投资者抽回投资款200万元
一项负债增加、另一项负债等额减少的经济业务	不变	一增一减	到期的应付票据因无力支付转为应付账款
一项负债增加、一项所有者权益等额减少的经济业务			宣布向投资者分配利润1 000万元
一项所有者权益增加、一项负债等额减少的经济业务			债权人将企业长期债务6万元转为对企业的投资
一项所有者权益增加、另一项所有者权益等额减少的经济业务			以资本公积300万元转增资本

拿分要点

上述9类基本经济业务的发生，必然会引起会计等式的一边或者两边有关项目相互联系地发生等量变化，即当涉及会计等式的一边时，有关项目的金额发生相反方向的等额变动；当涉及会计等式的两边时，有关项目的金额发生相同方向的等额变动，但始终不会影响会计等式的平衡关系。

【例题·单选题】下列各项中，引起企业资产和所有者权益同时增加的是（　　）。（2020年）

A．经股东大会批准向股东宣告分配现金股利

B．收到投资者投入的一台设备

C．取得一笔短期借款并存入银行

D．经股东大会批准以现金回购本企业股票方式减资

【答案】B

【解析】选项B，固定资产增加，实收资本（或股本）增加，即资产和所有者权益同时增加。

扫一扫"码"上练题

打开微信扫一扫，关注公众号，点击"会计考试GO"小程序，即可线上练题。下载安装"会计学堂"APP，体验更多课程，参与万人模考，助您顺利通关。

基础阶段，建议考生结合视频课程进行学习，消化重难点。

后续可配套《习题精编》进行练习。

第二节　会计科目和借贷记账法

扫码听课

一、会计科目与账户（★★）

（一）会计科目

会计科目，简称科目，是对会计要素具体内容进行分类核算的项目，是进行会计核算和提供会计信息的基础。如图2-3所示。

第一层次	第二层次		第三层次
	资产	收入	库存商品　应收账款
资金运动	负债	费用	固定资产
	所有者权益	利润	库存现金　无形资产 银行存款
会计对象	会计要素		会计科目

图2-3　会计科目的概念

（二）会计科目的分类

按反映的经济内容分类，会计科目可分为资产类、负债类、所有者权益类、损益类、成本类、共同类等科目，如图2-4所示。

会计要素	会计科目分类	
资产	资产类	库存现金、银行存款等
负债	负债类	短期借款、应付账款等
所有者权益	所有者权益类	实收资本、资本公积、本年利润等
收入	损益类	收入类（益）：主营业务收入、投资收益等 费用类（损）：管理费用、销售费用等
费用	成本类	生产成本、制造费用等
利润	共同类	（初级考试不涉及，略）

图2-4　会计科目的分类

拿分要点

制造费用、本年利润不是损益类科目，主营业务成本、其他业务成本不是成本类科目。

常用会计科目参照表：

编号	名称	编号	名称
	一、资产类		二、负债类
1001	库存现金	2001	短期借款
1002	银行存款	2201	应付票据
1012	其他货币资金	2202	应付账款
1101	交易性金融资产	2203	预收账款
		2204	合同负债
1121	应收票据	2211	应付职工薪酬
1122	应收账款	2221	应交税费
1123	预付账款	2231	应付利息
1131	应收股利	2232	应付股利
1132	应收利息	2241	其他应付款
1221	其他应收款	2801	预计负债
1231	坏账准备	2901	递延所得税负债
1401	材料采购		三、共同类（略）
1402	在途物资		四、所有者权益类
1403	原材料	4001	实收资本（股本）
1404	材料成本差异	4002	资本公积
1405	库存商品	4101	盈余公积
		4102	其他综合收益
1406	发出商品	4103	本年利润
1407	商品进销差价	4104	利润分配
1408	委托加工物资		五、成本类
1471	存货跌价准备	5001	生产成本
1511	长期股权投资	5101	制造费用
1512	长期股权投资减值准备	5301	研发支出
		5401	劳务成本
1531	长期应收款		六、损益类
1601	固定资产	6001	主营业务收入
1602	累计折旧	6051	其他业务收入

（续上表）

编号	名称	编号	名称
1603	固定资产减值准备	6101	公允价值变动损益
1604	在建工程	6111	投资收益
1605	工程物资	6301	营业外收入
1606	固定资产清理	6401	主营业务成本
1701	无形资产	6402	其他业务成本
1702	累计摊销	6403	税金及附加
1703	无形资产减值准备	6601	销售费用
1801	长期待摊费用	6602	管理费用
1811	递延所得税资产	6603	财务费用
1901	待处理财产损溢	6701	资产减值损失
		6711	营业外支出
		6801	所得税费用
		6901	以前年度损益调整

按提供信息的详细程度及其统驭关系，会计科目可分为总分类科目和明细分类科目。

（三）账户

账户的概念、分类、功能与结构等相关内容，如表2-10所示。

表2-10　账户的内容

概念	账户是根据会计科目设置的，具有一定格式和结构，用于分类反映会计要素增减变动情况及其结果的载体
分类	1. 根据提供信息的详细程度及其统驭关系分类： （1）总分类账户；（2）明细分类账户 2. 根据核算的经济内容分类： （1）资产类账户；（2）负债类账户；（3）所有者权益类账户；（4）成本类账户；（5）损益类账户；（6）共同类账户
功能与结构	1. 功能：用来连续、系统、完整地记录企业经济活动 2. 结构：账户的基本结构分为左右两方，一方登记增加，另一方登记减少，至于增减分别在哪一方登记要取决于所采用的记账方法和各账户记录的经济内容
与会计科目的关系	1. 会计科目与账户都是对会计对象具体内容的分类，两者核算内容一致 2. 会计科目是账户的名称，也是设置账户的依据 3. 账户是会计科目的具体运用，具有一定的结构和格式，并通过其结构反映某项经济内容的增减变动及其余额

拿分要点

在实际工作中，会计科目和会计账户不加严格区分，而是相互通用的。

账户的期初余额、期末余额、本期增加发生额、本期减少发生额统称为账户的四个金额要素。四个金额要素之间的关系如下面的公式所示：

期末余额＝期初余额＋本期增加发生额－本期减少发生额

【例题·单选题】根据科目内容计入成本类账户的是（　　）。

A. 主营业务成本

B. 制造费用

C. 管理费用

D. 其他业务成本

【答案】B

【解析】成本类科目应计入对应的成本类账户。选项A、C、D都计入损益类账户。

二、借贷记账法（★★★）

借贷记账法是以"借"和"贷"作为记账符号的一种复式记账法。复式记账法，是指对于每一笔经济业务，都必须用相等的金额在两个或两个以上相互联系的账户中进行登记，全面、系统地反映会计要素增减变化的一种记账方法。复式记账法分为借贷记账法、增减记账法、收付记账法等。

拿分要点

我国会计准则规定，企业、行政单位和事业单位会计核算采用借贷记账法记账。具体内容见表2-11。

表2-11　借贷记账法

借贷记账法下账户的结构	借贷记账法下账户的左方称为"借方"，右方称为"贷方"。（借方表示增加还是贷方表示增加取决于账户的性质与所记录经济内容的性质） 通常情况下，资产类、成本类和费用类账户的增加用"借"表示，减少用"贷"表示；负债类、所有者权益类和收入类账户的增加用"贷"表示，减少用"借"表示
借贷记账法的记账规则	有借必有贷，借贷必相等
账户对应关系与会计分录	1. 账户对应关系，是指采用借贷记账法对每笔交易或者事项进行记录时，相关账户之间形成的应借、应贷的相互关系。存在对应关系的账户称为对应账户 2. 会计分录，简称分录，是对每项经济业务列示应借、应贷的账户名称（科目）及其金额的一种记录。会计分录由应借应贷方向、相互对应的科目及其金额三个要素构成 **【拿分要点】**在我国，会计分录记载于记账凭证中 会计分录按照所涉及账户的多少，分为简单会计分录和复合会计分录 （1）简单会计分录指只涉及一个账户借方和另一个账户贷方的会计分录，即一借一贷的会计分录 （2）复合会计分录指由两个以上（不含两个）对应账户组成的会计分录，即一借多贷、多借一贷或多借多贷的会计分录

（续上表）

试算平衡	【拿分要点】为了保持账户对应关系清晰，一般不应把不同经济业务合并在一起编制多借多贷的会计分录 一笔复合会计分录可以分解为若干简单的会计分录，而若干笔相关简单的会计分录又可以复合为一笔复合会计分录，复合或分解的目的是便于会计工作更好地反映经济业务的实质 1. 发生额试算平衡：指全部账户本期借方发生额合计与全部账户本期贷方发生额合计保持平衡（依据：借贷记账法记账规则） 公式：全部账户本期借方发生额合计＝全部账户本期贷方发生额合计 【拿分要点】全部账户的借方发生额等于贷方发生额，不是资产类账户的借方等于负债＋所有者权益的贷方 2. 余额试算平衡：指全部账户借方期末（初）余额合计与全部账户贷方期末（初）余额合计保持平衡（依据：财务状况等式，资产＝负债＋所有者权益） 公式：全部账户借方期末（初）余额合计＝全部账户贷方期末（初）余额合计 3. 试算平衡表的编制：在期末结出各账户的本期发生额合计和期末余额后编制 4. 编制试算平衡表时的注意事项： （1）必须保证所有账户的余额均已记入试算表 （2）如果试算表借贷不相等，肯定账户记录有错误，应认真查找，直到实现平衡为止 （3）试算平衡表不能查出的错误： ①漏记某项经济业务；②重记某项经济业务；③某项经济业务记错有关账户；④某项经济业务在账户记录中，颠倒了记账方向；⑤借方或贷方发生额中，偶然发生多记和少记并相互抵销，借贷仍然平衡；⑥某项经济业务记录的应借应贷科目正确，但借贷双方金额同时多记或少记，且金额一致，借贷仍然平衡

发生额试算平衡
　　全部账户本期借方发生额合计＝全部账户本期贷方发生额合计
　　直接依据：借贷记账法的记账规则，即"有借必有贷，借贷必相等"

余额试算平衡
　　全部账户借方期末（初）余额合计＝全部账户贷方期末（初）余额合计
　　直接依据：账务状况等式，即"资产＝负债＋所有者权益"

图2-5　试算平衡的分类

【例题·单选题】下列选项中，在借贷记账法下关于成本类账户结构描述不正确的是（　　）。

A. 借方登记增加

B. 贷方登记增加

C. 期末余额一般在借方

D. 贷方登记减少

【答案】B

【解析】成本类账户增加登记在借方。

【例题·判断题】企业漏记某项经济业务的结果，会导致试算平衡表中的本期借贷方发生额不平衡。（　　）（2020年）

【答案】×

【解析】漏记某项经济业务，使本期借贷双方的发生额等额减少，借贷仍然平衡。

第三节 会计凭证和会计账簿

一、会计凭证 (★★★)

会计凭证是记录经济业务发生或完成情况的书面证明，是登记账簿的依据，包括纸质会计凭证和电子会计凭证两种形式。会计凭证按照填制程序和用途可分为原始凭证和记账凭证，如图2-6所示。每个企业都必须按一定的程序填制和审核会计凭证，根据审核无误的会计凭证进行账簿登记，如实反映企业的经济业务。原始凭证和记账凭证的相关具体内容，详见表2-12和表2-13。

图2-6　会计凭证的分类

（一）原始凭证

表2-12　原始凭证

概念	又称单据，是指在经济业务发生或完成时取得或填制的，用以记录或证明经济业务的发生或完成情况的原始凭据。原始凭证的作用主要是记载经济业务的发生过程和具体内容。凡是不能证明经济业务发生或完成情况的各种单证，如购货申请单、购销合同、计划、银行对账单、银行存款余额调节表等，不能作为原始凭证	
分类	按照取得的来源不同分类	自制原始凭证：指由本单位有关部门和人员，在经办或完成某项经济业务时填制的原始凭证，如领料单、产品入库单、借款单等
		外来原始凭证：指在经济业务发生或完成时，从其他单位或个人直接取得的原始凭证，如购买原材料取得的增值税专用发票，职工出差报销的飞机票、火车票和餐饮费发票等
	按照格式不同分类	通用凭证：指由有关部门统一印制、在一定范围内使用的具有统一格式和使用方法的原始凭证，如发票、银行转账结算凭证等
		专用凭证：指由单位自行印制的原始凭证，如领料单、差旅费报销单、折旧计算表、工资费用分配表等

（续上表）

分类	按照填制手续和内容不同分类	一次凭证：指一次填制完成，只记录一笔经济业务且仅一次有效的原始凭证，如收据、收料单、领料单、报销凭单、发货单、发货票、银行结算凭证、增值税专用发票、税收缴款书等 【拿分要点】只能反映一项经济业务，或者同时反映若干项同一性质的经济业务
		累计凭证：指在一定时期内多次记录发生的同类经济业务且多次有效的原始凭证，如限额领料单
		汇总凭证：指对一定时期内反映经济业务内容相同的若干张原始凭证，按照一定标准综合填制的原始凭证，如发出材料汇总表、工资结算汇总表、差旅费报销单等。不能汇总两类或两类以上的经济业务
基本内容		原始凭证应当具备以下基本内容（也称为原始凭证要素）：1. 凭证的名称；2. 填制凭证的日期；3. 填制凭证单位名称和填制人姓名；4. 经办人员的签名或者盖章；5. 接受凭证单位名称；6. 经济业务内容；7. 数量、单价和金额
原始凭证的编制与生成	原始凭证填制的基本要求	1. 记录真实 2. 内容完整 3. 手续完备 （1）单位自制的原始凭证必须有经办单位相关负责人的签名盖章 （2）对外开出的原始凭证必须加盖本单位公章或财务专用章 （3）从外部取得的原始凭证必须盖有填制单位的公章或财务专用章 （4）从个人取得的原始凭证必须有填制人员的签名或盖章 （5）对外开出或从外取得的电子形式的原始凭证必须附有符合《电子签名法》的电子签名（2022新增） 4. 书写清楚、规范 （1）按规定填写，文字要简明，字迹要清楚，易于辨认，不得使用未经国务院公布的简化汉字 （2）大小写金额必须符合填写规范 ①小写金额 a. 用阿拉伯数字逐个书写，不得写连笔字 b. 在金额前要填写人民币符号"￥"，且与阿拉伯数字之间不得留有空白 c. 金额数字一律填写到角、分；无角无分的，写"00"或者符号"—"，有角无分的，分位写"0"，不得用符号"—" ②大写金额 a. 壹、贰、叁、肆、伍、陆、柒、捌、玖、拾、佰、仟、万、亿、元、角、分、零、整等，一律用正楷或行书字书写 b. 大写金额前未印有"人民币"字样的，应加写"人民币"三个字，且和大写金额之间不得留有空白 c. 大写金额到元或角为止的，后面要写"整"字或"正"字。有分的，不写"整"字或者"正"字 （3）凡填有大写和小写金额的原始凭证，大写与小写的金额必须相符 5. 编号连续。如果凭证已预先印定编号，如发票、支票等重要凭证，在因错作废时应加盖"作废"戳记，妥善保管，不得撕毁

（续上表）

原始凭证的编制与生成	原始凭证填制的基本要求	6. 不得涂改、刮擦和挖补。原始凭证金额有错误的，应当由出具单位重开，不得在原始凭证上更正 原始凭证有其他错误的，应当由出具单位重开或更正，更正处应当加盖出具单位印章 7. 填制及时
	自制原始凭证的填制要求	1. 一次凭证的填制：应在经济业务发生或完成时，由相关业务人员一次填制完成。该凭证往往只能反映一项经济业务，或者同时反映若干项同一性质的经济业务 2. 累计凭证的填制：应在每次经济业务完成后，由相关人员在同一张凭证上重复填制完成。该凭证能在一定时期内不断重复地反映同类经济业务的完成情况 3. 汇总凭证的填制：应由相关人员在汇总一定时期内反映同类经济业务的原始凭证后填制完成。该凭证只能将类型相同的经济业务进行汇总，不能汇总两类或两类以上的经济业务
原始凭证的审核		1. 审核原始凭证的真实性，包括凭证日期是否真实、业务内容是否真实、数据是否真实等 2. 审核原始凭证的合法性、合理性，记录经济业务是否符合国家法律法规、是否履行了规定的凭证传递和审核程序、是否符合企业经济活动的需要、是否符合有关的计划和预算等 3. 审核原始凭证的完整性，各项基本要素是否齐全、是否有漏项情况、日期是否完整、数字是否清晰、文字是否工整、有关人员签章是否齐全、凭证联次是否正确等 4. 审核原始凭证的正确性，包括接受原始凭证单位的名称是否正确、金额的填写和计算是否正确、是否有更正、更正是否正确

（二）记账凭证

表2-13　记账凭证

概念	记账凭证又称记账凭单，是会计人员根据审核无误的原始凭证，按照经济业务的内容加以归类，并据以确定会计分录后所填制的会计凭证，是登记会计账簿的直接依据
分类	收款凭证是指用于记录库存现金和银行存款收款业务的记账凭证
	付款凭证是指用于记录库存现金和银行存款付款业务的记账凭证
	转账凭证是指用于记录不涉及库存现金和银行存款业务的记账凭证
内容	1. 填制凭证的日期；2. 凭证编号；3. 经济业务摘要；4. 应借应贷会计科目；5. 金额；6. 所附原始凭证张数；7. 填制凭证人员、稽核人员、记账人员、会计机构负责人、会计主管人员签名或者盖章。收款和付款记账凭证还应当由出纳人员签名或者盖章 【拿分要点】无单位负责人的签字、无填制单位签章

（续上表）

记账凭证的编制与生成	记账凭证填制的基本要求	记账凭证的填制除要做到内容完整、书写规范外，还必须符合下列要求： 1. 除结账和更正错误，记账凭证必须附有原始凭证并注明所附原始凭证的张数 2. 记账凭证可以根据每一张原始凭证填制，或根据若干张同类原始凭证汇总编制，也可以根据原始凭证汇总表填制 【拿分要点】不得将不同内容和类别的原始凭证汇总填制在一张记账凭证上 3. 记账凭证应连续编号，一笔经济业务需要填制两张或两张以上记账凭证的，可以采用分数编号法进行编号 4. 记账凭证的更正： （1）填制记账凭证时若发生错误，应当重新填制（未入账） （2）已登记入账的记账凭证错误更正：在当年内发现填写错误时，有红字和蓝字之分；发现以前年度记账凭证有错误的，应当用蓝字填制一张更正的记账凭证 5. 记账凭证填制完成后，如有空行，应当自金额栏最后一笔金额数字下的空行处至合计数上的空行处划线注销
	收款凭证	1. 左上角的"借方科目"按收款的性质填写"库存现金"或"银行存款" 2. 日期填写的是填制本凭证的日期 3. 右上角填写填制收款凭证的顺序号 4. "摘要"填写所记录经济业务的简要说明 5. "贷方科目"填写与收入"库存现金"或"银行存款"相对应的会计科目 6. "记账"是指该凭证已登记账簿的标记，防止经济业务重记或漏记 7. "金额"是指该项经济业务的发生额 8. 该凭证右边"附单据×张"是指该记账凭证所附原始凭证的张数 9. 最下边分别由相关人员签章，以明确账证经管责任
	付款凭证	1. 付款凭证是根据审核无误的有关库存现金和银行存款的付款业务的原始凭证填制的 2. 在付款凭证的左上角应填列贷方科目，即"库存现金"或"银行存款"科目，"借方科目"栏应填写与"库存现金"或"银行存款"相对应的一级科目和明细科目 【拿分要点】1. 对于涉及"库存现金"和"银行存款"之间的相互划转业务，如将现金存入银行或从银行提取现金，为了避免重复记账，一般只填制付款凭证，不再填制收款凭证 2. 出纳人员在办理收款或付款业务后，应在原始凭证上加盖"收讫"或"付讫"的戳记，以免重收重付
	转账凭证	转账凭证通常是根据有关转账业务的原始凭证填制的。转账凭证中的"总账科目"和"明细科目"栏应填写应借、应贷的总账科目和明细科目，借方科目应记金额应在同一行的"借方金额"栏填列，贷方科目应记金额应在同一行的"贷方金额"栏填列，"借方金额"栏合计数与"贷方金额"栏合计数应相等
记账凭证的审核		是否真实、齐全；科目、金额、书写是否都正确；手续是否完备

（续上表）

会计凭证的保管	会计凭证的保管是指会计凭证记账后的整理、装订、归档和存查工作 会计凭证的保管要求主要有： 1. 会计机构在依据会计凭证记账以后，应定期（每天、每旬或每月）对各种会计凭证进行分类整理，将各种记账凭证按照编号顺序，连同所附的原始凭证一起加具封面和封底，装订成册，并在装订线上加贴封签，防止抽换凭证 2. 原始凭证较多时，可单独装订，但应在凭证封面注明所属记账凭证的日期、编号和种类，同时在所属的记账凭证上应当注明"附件另订"及原始凭证的名称和编号，以便查阅 3. 同时满足特定条件的，单位内部形成的属于归档范围的电子会计凭证等电子会计资料可仅以电子形式保存，形成电子会计档案，无须打印电子会计资料纸质件进行归档保存 4. 当年形成的会计档案，在会计年度终了后，可由单位会计机构临时保管一年，期满后再移交本单位档案机构统一保管；因工作需要确需推迟移交的，应当经单位档案管理机构同意，且最长不超过三年；单位未设立档案机构的，应在会计机构等机构内部指定专人保管。出纳人员不得兼管会计档案 5. 单位保存的会计档案一般不得对外借出，确因工作需要且根据国家有关规定必须借出的，应当严格按照规定办理相关手续。其他单位如有特殊原因，确实需要使用单位会计档案时，经本单位会计机构负责人、会计主管人员批准，可以复制。向外单位提供的会计档案复制件，应在专设的登记簿上登记，并由提供人员和收取人员共同签名或者盖章 6. 单位应当严格遵守会计档案的保管期限要求，保管期满前不得任意销毁（2022新增）

【例题·单选题】下列各项中，属于外来原始凭证的是（　　）。（2020年）

A. 支付运输费收到的增值税专用发票

B. 限额领料单

C. 发料凭证汇总表

D. 员工差旅费报销单

【答案】A

【解析】选项B、C、D均为自制原始凭证。

二、会计账簿（★★★）

（一）会计账簿概念

会计账簿的概念、内容、种类和登账要求等相关考点，如表2-14所示。

表2-14　会计账簿

概念		会计账簿是指由一定格式的账页组成的，以经过审核的会计凭证为依据，全面、系统、连续地记录各项经济业务的簿籍
内容	封面	用来标明账簿的名称，如总分类账、各种明细账、日记账等
	扉页	列明会计账簿的使用信息，如科目索引、账簿启用和经管人员一览表等
	账页	是账簿用来记录经济业务的主要载体，包括账户的名称、日期栏、凭证种类、编号栏、摘要栏、金额栏以及总页次和分户页次等基本内容
账簿种类	按用途分类	1. 序时账簿，又称日记账，是按照经济业务发生时间的先后顺序逐日、逐笔登记的账簿

（续上表）

账簿种类	按用途分类	2. 分类账簿，是指按照分类账户设置登记的账簿。账簿按其反映经济业务的详略程度，可分为总分类账簿和明细分类账簿 （1）总分类账簿，又称总账，是根据总分类账户开设的，总括地反映某类经济活动 （2）明细分类账簿，又称明细账，是根据明细分类账户开设的，用来提供明细的核算资料。总账对所属的明细账起统驭作用，明细账对总账进行补充和说明 3. 备查账簿，又称辅助登记簿或补充登记簿，是指对某些在序时账簿和分类账簿中未能记载或记载不全的经济业务进行补充登记的账簿，与其他账簿之间不存在严密的依存和勾稽关系，根据企业的实际需要设置，没有固定的格式要求
	按账页格式分类	1. 三栏式账簿是指设有借方、贷方和余额三个金额栏目的账簿（各种日记账、总账以及资本、债权、债务明细账） 2. 多栏式账簿是指在账簿的两个金额栏目（借方和贷方）按需要分设若干专栏的账簿（收入、成本、费用明细账） 3. 数量金额式账簿是指在账簿的借方、贷方和余额三个栏目内，每个栏目再分设数量、单价和金额三小栏，借以反映财产物资的实物数量和价值量的账簿（原材料、库存商品明细账）
	按外形特征分类	1. 订本式账簿：简称订本账，是在启用前将编有顺序页码的一定数量账页装订成册的账簿。优点：能避免账页散失和防止抽换账页；缺点：不能准确为各账户预留账页 一般适用于总分类账、库存现金日记账、银行存款日记账 2. 活页式账簿：简称活页账，是将一定数量的账页置于活页夹内，可根据记账内容的变化而随时增加或减少部分账页的账簿。优点：记账时可根据实际需要，随时将空白账页装入账簿，或抽去不需用的账页，便于分工记账；缺点：如果管理不善，可能会造成账页散失或故意抽换账页。各种明细分类账一般采用活页账形式 3. 卡片式账簿：简称卡片账，是将一定数量的卡片式账页存放于专设的卡片箱中，可以根据需要随时增添账页的账簿。在我国，企业一般只对固定资产的核算采用卡片账形式，也有少数企业在材料核算中采用材料卡片
会计账簿的登记与生成		1. 登记会计账簿时，应当将会计凭证日期、编号、业务内容摘要、金额和其他有关资料逐项记入账内 2. 为了保持账簿记录的持久性，防止涂改，登记账簿必须使用蓝黑墨水或者碳素墨水书写，不得使用圆珠笔（银行的复写账簿除外）或者铅笔书写。特殊记账使用红墨水： （1）按照红字冲账的记账凭证，冲销错误记录 （2）在不设借贷等栏的多栏式账页中，登记减少数 （3）在三栏式账户的余额栏前，如未印明余额方向的，在余额栏内登记负数余额 （4）根据国家统一的会计制度的规定可以用红字登记的其他会计记录 3. 会计账簿应当按照连续编号的页码顺序登记。记账时发生错误或者隔页、缺号、跳行的，应在空页、空行处用红色墨水画对角线注销，或者注明"此页空白""此行空白"字样，并由记账人员和会计机构负责人在更正处签章

（续上表）

会计账簿的登记与生成	4. 凡需要结出余额的账户，结出余额后，应当在"借或贷"栏目内写明"借"或者"贷"字样，以示余额的方向；没有余额的账户，应在"借或贷"栏内写"平"字，并在"余额"栏用"θ"表示。库存现金日记账和银行存款日记账必须逐日结出余额 5. 每一账页登记完毕时，应当结出本页发生额合计及余额，在该账页最末一行"摘要"栏注明"转次页"或"过次页"，并将这一金额记入下一页第一行有关金额栏内，在该行"摘要"栏内注明"承前页"，以保持账簿记录的连续性，便于对账和结账 6. 账簿记录发生错误的，不得刮擦、挖补或用褪色药水更改字迹，而应采用规定的方法更正

（二）会计账簿的格式和登记方法

会计账簿的格式和登记方法，如表2-15所示。

表2-15 会计账簿的格式和登记方法

库存现金日记账的格式和登记方法	三栏式	由出纳人员根据库存现金收款凭证、库存现金付款凭证以及银行存款的付款凭证，按照库存现金收、付款业务和银行存款付款业务发生时间的先后顺序逐日逐笔登记
	多栏式	多栏式库存现金日记账是在三栏式库存现金日记账基础上发展起来的。这种日记账的借方（收入）和贷方（支出）金额栏都按对方科目设专栏，也就是按收入的来源和支出的用途设专栏 【拿分要点】不管是三栏式还是多栏式日记账，必须采用订本账
银行存款日记账的格式和登记方法		银行存款日记账是用来核算和监督银行存款每日的收入、支出和结余情况的账簿。银行存款日记账应按照企业在银行开立的账户和币种分别设置，每个银行账户设置一本日记账。具体登记方式和库存现金日记账相同
总分类账的格式和登记方法		1. 每一企业都必须设置总分类账。总分类账必须采用订本式账簿 2. 总分类账最常用的格式为三栏式，设置借方、贷方和余额三个基本金额栏目 3. 经济业务少的小型单位的总分类账可以根据记账凭证逐笔登记 4. 经济业务多的大中型单位的总分类账可以根据记账凭证汇总表（又称科目汇总表）或汇总记账凭证等定期登记
明细分类账的格式和登记方法		明细分类账一般采用活页式账簿、卡片式账簿。明细分类账一般根据记账凭证和相应的原始凭证来登记 1. 格式有三栏式、多栏式、数量金额式等 2. 登记方法有： （1）固定资产、债权、债务等明细账应逐日逐笔登记 （2）材料、库存商品收发明细以及收入、费用明细账可以逐笔登记，也可定期汇总登记
总分类账户和明细分类账户的平行登记		平行登记是指对所发生的每项经济业务都要以会计凭证为依据，一方面记入有关总分类账户，另一方面记入所辖明细分类账户的方法（依据相同） 1. 方向相同 2. 期间一致（不是时间相同） 3. 金额相等

（三）对账与结账

对账与结账的概念和内容，如表2-16所示。

表2-16　对账与结账的概念和内容

对账	账证核对	将账簿记录与会计凭证核对，核对账簿记录与原始凭证、记账凭证的时间、凭证字号、内容、金额等是否一致，记账方向是否相符，做到账证相符
	账账核对	账账核对是指核对不同会计账簿之间的账簿记录是否相符。具体内容如下： 1. 总分类账簿之间的核对（全部账户本期发生额、期初余额、期末余额） 2. 总分类账簿与所辖明细分类账簿核对 3. 总分类账簿与序时账簿核对 4. 明细分类账簿之间的核对
	账实核对	账实核对是指各项财产物资、债权债务等账面余额与实有数额之间的核对。具体内容如下： 1. 库存现金日记账账面余额与库存现金实际库存数逐日核对是否相符 2. 银行存款日记账账面余额与银行对账单的余额定期核对是否相符 3. 各项财产物资明细账账面余额与财产物资的实有数额定期核对是否相符 4. 有关债权债务明细账账面余额与对方单位的账面记录核对是否相符
结账		结账是将账簿记录定期结算清楚的会计工作。在一定时期结束时（如月末、季末或年末），为了编制财务报表，需要进行结账，具体包括月结、季结和年结。结账的内容通常包括两个方面：一是结清各种损益类账户，并据以计算确定本期利润；二是结出各资产、负债和所有者权益账户的本期发生额合计和期末余额 1. 对不需按月结计本期发生额的账户，每次记账以后，都要随时结出余额，每月最后一笔余额是月末余额，月末结账时，只需要在最后一笔经济业务记录下面通栏划单红线，不需要再次结计余额 2. 库存现金、银行存款日记账和需要按月结计发生额的收入、费用等明细账，每月结账时，要在最后一笔经济业务记录下面通栏划单红线，结出本月发生额和余额，在摘要栏内注明"本月合计"字样，并在下面通栏划单红线 3. 对于需要结计本年累计发生额的明细账户，每月结账时，应在"本月合计"行下结出自年初起至本月末止的累计发生额，登记在月份发生额下面，在摘要栏内注明"本年累计"字样，并在下面通栏划单红线 4. 总账账户平时只需结出月末余额。年终结账时，为了总括地反映全年各项资金运动情况的全貌，核对账目，要将所有总账账户结出全年发生额和年末余额，在摘要栏内注明"本年合计"字样，并在合计数下面通栏划双红线 5. 年度终了结账时，有余额的账户，应将其余额结转下年，并在摘要栏注明"结转下年"字样；在下一会计年度新建有关账户的第一行余额栏内填写上年结转的余额，并在摘要栏注明"上年结转"字样，使年末有余额账户的余额如实地在账户中加以反映，以免混淆有余额的账户和无余额的账户

（四）错账的更正

错账更正的方法，如表2-17所示。

表2-17 错账更正方法

划线更正法（凭证没错、账簿有错）	在结账前发现账簿记录有文字或数字错误，而记账凭证没有错误，采用划线更正法。更正时，可在错误的文字或数字上面划一条红线，在红线的上方填写正确的文字或数字，并由记账人员、会计机构负责人（会计主管人员）在更正处盖章，以明确责任
红字更正法（凭证有错）	红字更正法，适用于以下两种情形： 1. 记账后发现因记账凭证中的应借、应贷会计科目有错误所引起的记账错误。更正时，应先用红字填写一张与错误的记账凭证内容相同的红字记账凭证，然后据以用红字记入账内，并在摘要栏注明"注销×月×日×号凭证"以示注销。然后用蓝字填写一张正确的记账凭证，并据以用蓝字登记入账 2. 记账后发现记账凭证和账簿记录中应借、应贷会计科目无误，只是所记金额大于应记金额所引起的记账错误。更正时，按多记金额用红字编制一张与原记账凭证应借、应贷科目完全相同的记账凭证，然后据以用红字记入账内，在摘要栏注明"冲销×月×日第×号记账凭证多记金额"
补充登记法（凭证有错）	记账后发现记账凭证和账簿记录中应借、应贷会计科目无误，只是所记金额小于应记金额时，采用补充登记法。更正时，将少记金额用蓝字编制一张与原记账凭证应借、应贷科目完全相同的记账凭证，然后用蓝字记入账内，并在摘要栏注明："补记×月×日第×号记账凭证少记金额"

【例题·多选题】下列各项中，属于账账核对内容的有（　　）。（2020年）

A. 总账期末余额与其所属明细账期末余额之和的核对

B. 债权债务明细账账面余额与对方单位债权债务账面记录的核对

C. 资产、负债、所有者权益各账户总账余额之间平衡关系的核对

D. 总账与序时账期末余额的核对

【答案】ACD

【解析】选项B属于账实核对。

（五）会计账簿的保管（2022新增）

会计账簿是各单位重要的经济资料，必须建立管理制度，妥善保管。

1. 各种账簿要分工明确，指定专人管理。

2. 会计账簿未经领导和会计负责人或者有关人员批准，非经管人员不能随意翻阅查看会计账簿。

3. 会计账簿不能随意交与其他人员管理，以保证账簿安全和防止任意涂改账簿等问题发生。

4. 年度终了更换并启用新账后，对更换下来的旧账要整理装订，造册归档。

5. 实行会计电算化的单位，满足《会计档案管理办法》第八条有关规定的，可仅以电子形式保存会计账簿，无须定期打印会计账簿；确需打印的，打印的会计账簿必须连续编号，经审核无误后装订成册，并由记账人员和会计机构负责人、会计主管人员签字或者盖章。

6. 各种账簿同会计凭证和会计报表一样，都是重要的经济档案，必须按照《会计档案管理办法》规定的保存年限妥善保管，不得丢失和任意销毁。

扫码听课

一、财产清查的概述（★★★）

　　财产清查是指通过对货币资金、实物资产和往来款项等财产物资进行盘点或核对，确定其实存数，查明账存数与实存数是否相符的一种专门方法。目的：查明账实是否相符。财产清查的分类及内容详见表2-18。

表2-18　财产清查的分类及内容

按照财产清查的范围不同	全面清查	对所有的财产进行全面的盘点和核对 1. 全面清查的对象 所有财产 2. 全面清查的情况 （1）年终决算前 （2）在合并、撤销或改变隶属关系前 （3）开展全面资产评估、清产核资前 （4）单位主要领导调离工作前 （5）中外合资、国内合资前 （6）股份制改造前
	局部清查	根据需要只对部分财产进行盘点和核对 局部清查的清查对象主要是货币资金、存货等流动性较强的财产。局部清查的情况通常有： 1. 库存现金，应由出纳员在每日业务终了时清点，做到日清月结 2. 银行存款，应由出纳员至少每月同银行核对一次 3. 原材料、在产品和产成品等流动性较大的财产物资，应根据需要随时轮流盘点或重点抽查 4. 贵重的财产物资，应每月清查盘点一次 5. 债权、债务，应在年度内至少同对方核对一至两次
按财产清查的时间不同	定期清查	按照预先计划安排的时间对财产进行的盘点和核对。定期清查一般在年末、季末、月末进行。定期清查可以是全面清查，也可以是局部清查
	不定期清查	指事前不规定清查日期，而是根据特殊需要临时进行的盘点和核对。不定期清查可以是全面清查，也可以是局部清查，应根据实际需要来确定清查的对象和范围 不定期清查的情况： 1. 更换财产物资、库存现金保管人员 2. 发生自然灾害和意外损失时 3. 进行临时性的清产核资 4. 上级主管、财政、银行以及审计等部门，对本单位进行会计检查

（续上表）

按照清查的执行系统分类	内部清查	内部清查是指由本单位内部自行组织清查工作小组所进行的财产清查工作。大多数财产清查都是内部清查
	外部清查	外部清查是指由上级主管部门、审计机关、司法部门、注册会计师等根据国家有关规定或情况需要对本单位进行的财产清查。一般来讲，进行外部清查时应有本单位相关人员参加

【例题·判断题】定期清查，可以是全面清查，也可以是局部清查。（　　）

【答案】√

二、财产清查的方法与会计处理（★★★）

（一）财产清查的方法

财产清查的方法如表2-19所示。

表2-19　财产清查的方法

货币资金的清查方法	库存现金的清查	库存现金的清查是采用实地盘点法确定库存现金的实存数，然后与库存现金日记账的账面余额相核对，确定账实是否相符。对库存现金进行盘点时，出纳人员必须在场。盘点时： 1. 要注意账实是否相符 2. 要检查现金管理制度的遵守情况，如库存现金有无超过其限额，有无白条抵库、挪用舞弊等情况 3. 盘点结束后，应填制"库存现金盘点报告表"，作为重要原始凭证
	银行存款的清查	采用与开户银行核对账目的方法进行，即将本单位银行存款日记账的账簿记录与开户银行转来的对账单逐笔进行核对，来查明银行存款的实有数额。银行存款的清查一般在月末进行 清查步骤： 1. 将本单位银行存款日记账与银行对账单，以结算凭证的种类、号码和金额为依据，逐日逐笔核对。凡双方都有记录的，用铅笔在金额旁打上记号"√" 2. 找出未达账项（即银行存款日记账和银行对账单中没有打"√"的款项） 3. 将日记账和对账单的月末余额及找出的未达账项填入"银行存款余额调节表"，并计算出调整后的余额 4. 将调整平衡的"银行存款余额调节表"，经主管会计签章后，呈报开户银行 银行存款余额调节表的编制，是以企业银行存款日记账余额和银行对账单余额为基础，各自分别加上对方已收款入账而己方尚未入账的数额，减去对方已付款入账而己方尚未入账的数额
实物资产的清查方法	实地盘点法	通过点数、过磅、量尺等方法来确定实物资产的实有数量。适用范围较广，在多数财产物资清查中都可以采用 【躲坑要点】1. 在实物清查过程中，实物保管人员和盘点人员必须同时在场 2. 对于盘点结果，应如实登记盘存单，并由盘点人和实物保管人签字或盖章，以明确经济责任 3. 盘存单既是记录盘点结果的书面证明，也是反映财产物资实存数的原始凭证

（续上表）

实物资产的清查方法	实地盘点法	4.为了查明实存数与账存数是否一致、确定盘盈或盘亏情况，应根据盘存单和有关账簿记录，编制实存账存对比表。实存账存对比表是用以调整账簿记录的重要原始凭证，也是分析产生差异的原因、明确经济责任的依据
	技术推算法	利用技术方法对财产物资的实存数进行推算，故又称估推法。采用这种方法，对于财产物资不是逐一清点计数，而是通过量方、计尺等技术推算财产物资的结存数量。适用于成堆量大而价值不高、难以逐一清点的财产物资的清查
往来款项的清查方法		往来款项主要包括应收、应付款项和预收、预付款项等。往来款项的清查一般采用发函询证的方法进行核对 往来款项清查以后，将清查结果编制成"往来款项清查报告单"，填列各项债权、债务的余额。对于有争执的款项以及无法收回的款项，应在报告单上详细列明情况，以便及时采取措施进行处理，避免或减少坏账损失

（二）财产清查结果的处理

财产清查结果的处理如表2-20所示。

表2-20　财产清查结果的处理

审批之前的处理	根据"清查结果报告表""盘点报告表"等已经查实的数据资料，填制记账凭证，记入有关账簿，使账簿记录与实际盘存数相符，同时根据权限，将处理建议报股东大会或董事会，或经理（厂长）会议或类似机构批准
审批之后的处理	企业清查的各种财产的损溢，应于期末前查明原因，并根据企业的管理权限，经股东大会或董事会，或经理（厂长）会议或类似机构批准后，在期末结账前处理完毕。如果在期末结账前尚未经批准，在对外提供财务报表时，先按上述规定进行处理，并在附注中作出说明；其后批准处理的金额与已处理金额不一致的，调整财务报表相关项目的期初数

【例题·单选题】2021年9月30日，某企业银行存款日记账账面余额为216万元，收到银行对账单的余额为212.3万元。经逐笔核对，该企业存在以下记账差错及未达账项：从银行提取现金6.9万元，会计人员误记为9.6万元；银行为企业代付电话费6.4万元，但企业未接到银行付款通知，尚未入账。9月30日调节后的银行存款余额为（　　）万元。

A. 212.3　　　　B. 225.1

C. 205.9　　　　D. 218.7

【答案】A

【解析】调节后的银行存款余额＝216＋（9.6-6.9）-6.4＝212.3（万元），或者调节后的银行存款余额＝银行对账单的余额212.3（万元）。

第五节 会计账务处理程序

扫码听课

一、会计账务处理程序概述（★）

会计账务处理程序，也称会计核算组织程序或者会计核算形式，是指会计凭证、会计账簿、会计报表相结合的方式。

企业常用的账务处理程序，主要有：记账凭证账务处理程序、汇总记账凭证账务处理程序、科目汇总表账务处理程序。它们之间的主要区别是登记总分类账的依据和方法不同。

二、会计账务处理程序的应用（★）

各类账务处理程序的流程、编制方法、适用范围及优缺点的对比，如表2-21所示。

表2-21　账务处理程序概述

记账凭证账务处理程序	流程	对发生的经济业务，先根据原始凭证或汇总原始凭证填制记账凭证，再直接根据记账凭证登记总分类账的一种账务处理程序 1. 根据原始凭证编制汇总原始凭证 2. 根据原始凭证或汇总原始凭证，填制收款凭证、付款凭证和转账凭证，也可以填制通用记账凭证 3. 根据收款凭证和付款凭证，逐笔登记库存现金日记账和银行存款日记账 4. 根据原始凭证、汇总原始凭证和记账凭证，登记各种明细分类账 5. 根据记账凭证逐笔登记总分类账 6. 期末，将库存现金日记账、银行存款日记账和明细分类账的余额与有关总分类账的余额核对相符 7. 期末，根据总分类账和明细分类账的记录，编制财务报表
	优缺点	优点：1. 简单明了，易于理解 2. 总分类账较详细地记录和反映经济业务的发生情况 缺点：登记总分类账的工作量较大
	适用范围	适用于规模较小、经济业务量较少的单位
汇总记账凭证账务处理程序	流程	先根据原始凭证或汇总原始凭证填制记账凭证，定期根据记账凭证分类编制汇总收款凭证、汇总付款凭证和汇总转账凭证，再根据汇总记账凭证登记总分类账的一种账务处理程序
	优缺点	优点：减轻了登记总分类账的工作量 缺点：当转账凭证较多时，编制汇总转账凭证的工作量较大，并且按每一贷方账户编制汇总转账凭证，不利于会计核算的日常分工
	适用范围	适用于规模较大、经济业务较多的单位

（续上表）

科目汇总表账务处理程序	流程	指根据记账凭证定期编制科目汇总表，再根据科目汇总表登记总分类账的一种账务处理程序 1. 根据记账凭证，定期编制科目汇总表 2. 根据定期编制的科目汇总表，登记总分类账
	优缺点	优点：减轻了登记总分类账的工作量，易于理解，方便学习，并可做到试算平衡 缺点：科目汇总表不能反映各个账户之间的对应关系，不利于对账目进行检查
	适用范围	适用于经济业务较多的单位

三、信息化环境下的会计账务处理（★）（2022新增）

（一）会计信息化概述

会计信息化，是指企业利用计算机、网络通信等现代信息技术手段开展会计核算，以及利用上述技术手段将会计核算与其他经营管理活动有机结合的过程。

会计软件，是指企业使用的、专门用于会计核算和财务管理的计算机软件、软件系统或者其功能模块。

会计软件一般具有以下功能：

1. 为会计核算和财务管理直接采集数据；

2. 生成会计凭证、账簿、报表等会计资料；

3. 对会计资料进行转换、输出、分析、利用。

（二）信息化环境下会计账务处理的基本要求（略）

扫一扫"码"上练题

打开微信扫一扫，关注公众号，点击"会计考试GO"小程序，即可线上练题。下载安装"会计学堂"APP，体验更多课程，参与万人模考，助您顺利通关。

基础阶段，建议考生结合视频课程进行学习，消化重难点。

后续可配套《习题精编》进行练习。

第六节 成本与管理会计基础

扫码听课

提示：本节内容2022有大幅删改。

一、成本会计基础（★）（2022新增）

（一）成本会计的概念

成本会计，是基于商品经济条件下，为求得产品的总成本和单位成本而核算全部生产成本和费用的会计活动。成本会计核算的对象是产品成本，是对成本计划执行的结果进行事后的反映。

产品成本核算是对生产经营过程中实际发生的成本、费用进行计算，并进行相应的账务处理。企业通过产品成本核算，一方面，可以审核各项生产费用和经营管理费用的支出，分析和考核产品成本计划的执行情况，促使企业降低成本和费用；另一方面，还可以为计算利润、进行成本和利润预测提供数据，有助于提高企业生产技术和经营管理水平。

（二）成本会计的基本原理

1. 产品成本核算的要求

（1）做好各项基础工作

为进行成本核算，企业应当建立健全各项原始记录，并做好各项材料物资的计量、收发、领退、转移、报废和盘点工作，包括材料物资收发领用、劳动用工和工资发放及其设备交付使用以及水、电、暖等消耗的原始记录，并做好相应的管理工作以及定额的制定和修订工作等。

同时，产品成本计算，往往需要以产品原材料和工时的定额消耗量和定额费用作为分配标准，因此，也需要制定或修订材料、工时、费用的各项定额，使成本核算具有可靠的基础。

（2）正确划分各种费用支出的界限

各种费用支出的划分界限，具体如表2-22所示。

表2-22　各种费用支出的划分界限

费用支出的分类	认定标准
收益性支出和资本性支出的认定	收益性支出是计入当期损益，影响当期损益的支出 资本性支出是计入资产的成本，影响资产价值的支出
成本费用、期间费用和营业外支出的认定	成本费用计入资产成本中，例如制造费用（是"成本类"科目，不是"损益类"科目） 期间费用是生产经营期间不能核算计入成本的支出，包括财务费用、销售费用、管理费用 营业外支出是非日常的损失
本期成本费用与以后期间成本费用的认定	本期费用是本期发生的费用，体现在当期账目里 以后期间费用是将来期间发生核算的费用
各种产品成本费用的认定	各种产品成本费用的认定可按产品品种登记

（续上表）

费用支出的分类	认定标准
本期完工产品与期末在产品成本的认定	本期完工产品是已完工入库的产成品，期末在产品是还在生产环节尚未最终完工的产品

拿分要点

费用的划分应遵循受益原则，即谁受益谁负担、何时受益何时负担、负担费用与受益程度成正比。

（3）根据生产特点和管理要求选择适当的成本计算方法

产品成本的计算，关键是选择适当的产品成本计算方法。目前，企业常用的产品成本计算方法有品种法、分批法、分步法、分类法、定额法、标准成本法等。

拿分要点

品种法、分批法、分步法是成本核算的最基础的方法。

（4）遵守一致性原则

企业产品成本核算采用的会计政策和估计一经确定，不得随意变更。在成本核算中，各种处理方法要前后一致，使前后各项的成本资料相互可比。

（5）编制产品成本报表

企业一般应当按月编制产品成本报表，全面反映企业生产成本、成本计划执行情况、产品成本及其变动情况等。企业可以根据自身管理要求，确定成本报表的具体格式和列报方式。

2．产品成本核算的一般程序

（1）根据生产特点和成本管理的要求，确定成本核算对象。

（2）确定成本项目。

（3）设置有关成本和费用明细账。

（4）收集确定各种产品的生产量、入库量、在产品盘存量以及材料、工时、动力消耗等，并对所有已发生生产费用进行审核。

（5）归集所发生的全部生产费用，并按照确定的成本计算对象予以分配，按成本项目计算各种产品的在产品成本、产品成本和单位成本。

（6）结转产品销售成本。

为了进行产品成本和期间费用核算，企业一般应设置"生产成本""制造费用""主营业务成本""税金及附加""销售费用""管理费用""财务费用"等科目。如果需要单独核算废品损失和停工损失，还应设置"废品损失"和"停工损失"科目。

3．产品成本核算对象（2022新增）

产品成本核算对象是指确定归集和分配生产费用的具体对象，即生产费用承担的客体。成本核算对象的确定，是设立成本明细分类账户、归集和分配生产费用以及正确计算产品成本的前提。

制造企业一般按照产品品种、批次订单或生产步骤等确定产品成本核算对象。

农业企业一般按照生物资产的品种、成长期、批别（群别、批次）、与农业生产相关的劳务作业等确定成本核算对象。

批发零售企业一般按照商品的品种、批次、订单、类别等确定成本核算对象。

建筑企业一般按照订立的单项合同确定成本核算对象。

房地产企业一般按照开发项目、综合开发期数并兼顾产品类型等确定成本核算对象。

采矿企业一般按照所采掘的产品确定成本核算对象。

交通运输企业以运输工具从事货物、旅客运

输的，一般按照航线、航次、单船（机）、基层站段等确定成本核算对象；从事货物等装卸业务的，可以按照货物、成本责任部门、作业场所等确定成本核算对象；从事仓储、堆存、港务管理业务的，一般按照码头、仓库、堆场、油罐、简仓、货棚或主要货物的种类、成本责任部门等确定成本核算对象。

信息传输企业一般按照基础电信业务、电信增值业务和其他信息传输业务等确定成本核算对象。

软件及信息技术服务企业的科研设计与软件开发等人工成本比重较高的，一般按照科研课题、承接的单项合同项目、开发项目、技术服务客户等确定成本核算对象。

文化企业一般按照制作产品的种类、批次、印次、刊次等确定成本核算对象。

4. 产品成本项目

成本项目是对成本核算对象的详细分类，是为了更加准确地核算成本支出而细化的会计科目，详见表2-23。

表2-23　产品成本项目

直接材料	直接计入产品成本的原材料、辅助材料、备品配件、外购半成品、包装物、低值易耗品等费用
燃料及动力	直接用于产品生产的外购和自制的燃料和动力
直接人工	直接从事产品生产的工人的职工薪酬
制造费用	企业为生产产品和提供劳务而发生的各项间接费用

5. 产品成本的归集和分配

企业所发生的生产费用，能确定由某一成本核算对象负担的，应当按照所对应的产品成本项目类别，直接计入产品成本核算对象的生产成本；由几个成本核算对象共同负担的，应当选择合理的分配标准分配计入生产成本。

6. 产品成本计算方法

产品成本计算方法的概述，详见表2-24。

表2-24　产品成本计算方法概述

产品成本计算方法	成本计算对象	生产类型		成本管理
		生产组织特点	生产工艺特点	
品种法	产品品种	大量大批生产	单步骤生产	
			多步骤生产	不要求分步计算成本
分批法	产品批别	单件小批生产	单步骤生产	
			多步骤生产	不要求分步计算成本
分步法	生产步骤	大量大批生产	多步骤生产	要求分步计算成本

产品成本计算方法的汇总，详见表2-25。

表2-25　产品成本计算方法的汇总

基本方法	适用范围（重点）	成本计算对象	成本计算期	完工产品与在产品成本划分
品种法	大量大批的单步骤生产的企业以及管理上不要求按照生产步骤计算产品成本的多步骤生产 【举例】发电、供水、采掘	产品品种	一般定期计算产品成本，成本计算期与会计核算报告期一致	如果月末有在产品，要将生产成本在完工产品和在产品之间进行分配
分批法	单件小批类型的生产 【举例】造船、重型机械、精密仪器、新产品试制、设备修理等	产品批别	成本计算期与产品生产周期基本一致，而与核算报告期不一致	一般不存在在完工产品与在产品之间分配成本的问题
分步法	它适用于大量大批的，管理上要求按照生产步骤计算产品成本的多步骤生产 【举例】冶金、纺织、机械制造	生产步骤	一般定期计算产品成本，成本计算期与会计核算报告期一致	月末需将生产成本在完工产品和在产品之间进行分配；除了按品种计算和结转产品成本外，还需要计算和结转产品的各步骤成本

分步法考点汇总，详见表2-26所示。

表2-26　分步法考点汇总

项目	逐步结转分步法	平行结转分步法
半成品成本核算与否	核算	不核算
生产费用与半成品实物是否同步转移	同步 【拿分要点】生产成本随半成品实物的转移而结转	不同步 【拿分要点】生产成本不随半成品实物的转移而结转
完工产品的概念	各步骤完工的半成品，在期末就是生产步骤所指的完成产品，最后一步的叫完工产成品	仅指最终完工的产成品
在产品的概念	仅指本步骤尚未加工完成的半成品——狭义在产品	既包括本步骤尚未加工完成的在产品，也包括本步骤加工完毕，但尚未最终完工的产品——广义在产品
是否需要进行成本还原	逐步综合结转分步法，因为上一步的成本是下一步的材料，所以需要进行成本还原 【躲坑要点】逐步分项结转分步法不需要成本还原	不需要进行成本还原

（续上表）

项目	逐步结转分步法	平行结转分步法
能否同时计算产成品成本	需要按生产顺序转移逐步累计，直到最后一个步骤才能计算出产成品成本，所以不能同时核算产成品的成本	各步骤能同时计算产品成本，平行汇总计算产成品成本
两种方法的优点	1. 能提供各个生产步骤的半成品成本资料 2. 为各生产步骤的在产品实物管理及资金管理提供资料 3. 能够全面地反映各生产步骤的生产耗费水平，更好地满足各生产步骤成本管理的要求	1. 各步骤可以同时计算产品成本，平行汇总计入产成品成本，不必逐步结转半成品成本 2. 能够直接提供按原始成本项目反映的产成品的成本资料，不必进行成本还原，因而能够简化和加速成本计算工作
两种方法的缺点	成本结转工作量较大，各生产步骤的半成品成本如果采用逐步综合结转方法，还要进行成本还原，增加了核算的工作量	1. 不能提供各步骤半成品的成本资料 2. 在产品的费用在产品最后完成以前，不随实物转出而转出，即不按其所在的地点登记，而按其发生的地点登记，因而不能为各个生产步骤在产品的实物和资金管理提供资料 3. 各生产步骤的产品成本不包括所耗半成品费用，因而不能全面地反映各步骤产品的生产耗费水平（第一步骤除外），不能更好地满足这些步骤成本管理的要求
适用范围	适用于大量大批连续式复杂性生产的企业 【拿分要点】该种类型的企业，不仅将产成品作为商品对外销售，而且生产步骤所产半成品也经常作为商品对外销售，如纺织厂的棉纱、钢铁厂的生铁、钢锭等，都需要计算半成品成本	适用于大量大批多步骤生产，但又不需要计算半成品成本的企业

二、管理会计基础（★）

（一）管理会计指引

管理会计指引体系是在管理会计理论研究成果的基础上，形成的可操作性的系列标准。

管理会计指引体系包括基本指引、应用指引和案例库。如表2-27所示。

表2-27 管理会计指引体系内容

基本指引	统领作用；是制定应用指引和建设案例库的基础。基本指引是对管理会计基本概念、基本原则、基本方法、基本目标等内容的总结、提炼

（续上表）

应用指引	主体地位；是对单位管理会计工作的具体指导。管理会计应用指引既要遵循基本指引，也要体现实践特点
案例库	是对国内外管理会计经验的总结提炼，是对如何运用管理会计应用指引的实例示范。建立管理会计案例库，为单位提供直观的参考借鉴，是管理会计指引体系指导实践的重要内容和有效途径，也是管理会计体系建设区别于企业会计准则体系建设的一大特色

（二）管理会计要素

单位应用管理会计包括应用环境、管理会计活动、工具方法和信息与报告。如表2-28所示。

表2-28　管理会计要素及具体内容

管理会计要素	应用环境	管理会计应用环境是单位应用管理会计的基础。单位应用管理会计，应充分了解和分析其应用环境，包括外部环境和内部环境。外部环境主要包括：国内外经济、市场、法律、行业等因素
	管理会计活动	管理会计活动是单位管理会计工作的具体开展，是单位利用管理会计信息，运用管理会计工具方法，在规划、决策、控制、评价等方面服务于单位管理需要的相关活动。在了解和分析其应用环境的基础上，单位应将管理会计活动嵌入规划、决策、控制、评价等环节，形成完整的管理会计闭环
	工具方法	管理会计工具方法是实现管理会计目标的具体手段，是单位应用管理会计时所采用的战略地图、滚动预算、作业成本法、本量利分析、平衡计分卡等模型、技术、流程的统称
	信息与报告	管理会计报告是管理会计活动成果的重要表现形式，旨在为报告使用者提供满足管理需要的信息，是管理会计活动开展情况和效果的具体呈现。管理会计报告按期间可以分为定期报告和不定期报告，按内容可以分为综合性报告和专项报告等类别

扫一扫"码"上练题

　　打开微信扫一扫，关注公众号，点击"会计考试GO"小程序，即可线上练题。下载安装"会计学堂"APP，体验更多课程，参与万人模考，助您顺利通关。

第七节 政府会计基础

扫码听课

提示：本节内容2022有大幅删改。

一、政府会计概述（★）

（一）政府会计的概念

政府会计是会计体系的重要分支，它运用会计专门方法对政府及其组成主体（包括政府所属的行政事业单位等）的财务状况、运行情况（含运行成本，下同）、现金流量、预算执行等情况进行全面核算、监督和报告。

我国会计标准体系主要由政府会计基本准则、政府会计具体准则及应用指南和政府会计制度等组成。

1. 基本准则

政府会计基本准则用于规范政府会计目标、政府会计主体、政府会计信息质量要求、政府会计核算基础，以及政府会计要素定义、确认和计量原则、列报要求等原则事项。基本准则指导具体准则和制度的制定，并为政府会计实务问题提供处理原则。

2. 具体准则及应用指南

政府会计具体准则依据基本准则制定，是用于规范政府会计主体发生的经济业务或事项的会计处理原则，详细规定经济业务或事项引起的会计要素变动的确认、计量、记录和报告。应用指南是对具体准则的实际应用作出的操作性规定。

3. 政府会计制度

政府会计制度依据基本准则制定，主要规定政府会计科目及账务处理、报表体系及编制说明等。

政府会计主体应当根据政府会计准则（包括基本准则和具体准则）规定的原则和政府会计制度的要求，对其发生的各项经济业务或事项

进行会计核算。根据《政府会计准则——基本准则》，政府会计主体主要包括各级政府、各部门、各单位。各级政府指各级政府财政部门，具体负责财政总会计的核算。各部门、各单位是指与本级政府财政部门直接或者间接发生预算拨款关系的国家机关、军队、政党组织、社会团体、事业单位和其他单位。军队、已纳入企业财务管理体系的单位和执行《民间非营利组织会计制度》的社会团体，其会计核算不适用政府会计准则制度。

（二）政府会计的特点（2022变化）

1. "双功能"

政府会计应当实现预算会计和财务会计的双重功能。预算会计对政府会计主体预算执行过程中发生的全部预算收入和全部预算支出进行会计核算，主要反映和监督预算收支执行情况。财务会计对政府会计主体发生的各项经济业务或者事项进行会计核算，主要反映和监督政府会计主体财务状况、运行情况和现金流量等。

2. "双基础"

预算会计实行收付实现制，国务院另有规定的，从其规定；财务会计实行权责发生制。

3. "双要素"（2022新增）

政府会计要素包括预算会计要素和财务会计要素。其中，预算会计要素包括预算收入、预算支出与预算结余；财务会计要素包括资产、负债、净资产、收入和费用。

4. "双报告"

政府会计主体应当编制决算报告和财务报

告。其中，政府决算报告是综合反映政府会计主体年度预算收支执行结果的文件，主要以收付实现制为基础编制，以预算会计核算生成的数据为准；政府财务报告是反映政府会计主体某一特定日期的财务状况和某一会计期间的运行情况和现金流量等信息的文件，主要以权责发生制为基础编制，以财务会计核算生成的数据为准。

二、政府会计实务概要（★★）

（一）政府会计要素及其确认和计量

1. 政府预算会计要素

政府预算会计要素包括预算收入、预算支出与预算结余。具体内容如表2-29所示。

表2-29 政府预算会计要素

要素		内容
预算收入	概念	在预算年度内依法取得的并纳入预算管理的现金流入
	确认与计量	一般在实际收到时予以确认，以实际收到的金额计量
预算支出	概念	在预算年度内依法发生并纳入预算管理的现金流出
	确认与计量	一般在实际支付时予以确认，以实际支付的金额计量
预算结余	概念	1. 预算年度内预算收入扣除预算支出后的资金余额 2. 历年滚存的资金余额
	具体内容	1. 结余资金：年度预算执行终了，预算收入实际完成数扣除预算支出和结转资金后剩余的资金 2. 结转资金：预算安排项目的支出年终尚未执行完毕或者因故未执行，且下年需要按原用途继续使用的资金

2. 政府财务会计要素

政府财务会计要素包括资产、负债、净资产、收入和费用。具体内容如表2-30所示。

表2-30 政府财务会计要素

要素		内容
资产	概念	资产是指政府会计主体过去的经济业务或者事项形成的，由政府会计主体控制的，预期能够产生服务潜力或者带来经济利益流入的经济资源
	分类	1. 流动资产：预计在一年内（含一年）耗用或者可以变现的资产，包括货币资金、短期投资、应收及预付款项、存货等 2. 非流动资产：流动资产以外的资产，包括固定资产、在建工程、无形资产、长期投资、公共基础设施、政府储备资产、文物文化资产、保障性住房和自然资源资产等

（续上表）

要素		内容
资产	确认条件	1. 与该经济资源相关的服务潜力很可能实现或者经济利益很可能流入政府会计主体 2. 该经济资源的成本或者价值能够可靠地计量
	计量属性	政府资产的计量属性主要包括历史成本、重置成本、现值、公允价值和名义金额。政府会计主体对资产进行计量时，一般应当采用历史成本
负债	概念	负债是指政府会计主体过去的经济业务或者事项形成的，预期会导致经济资源流出政府会计主体的现时义务。现时义务是指政府会计主体在现行条件下已承担的义务
	分类	1. 流动负债：预计在一年内（含一年）偿还的负债，包括短期借款、应付及预收款项、应付短期政府债券、应缴款项等 2. 非流动负债：流动负债以外的负债，包括长期借款、长期应付款、应付长期政府债券等 3. 政府会计主体的负债分为偿还时间与金额基本确定的负债和由或有事项形成的预计负债。偿还时间与金额基本确定的负债按政府会计主体的业务性质及风险程度，分为融资活动形成的举借债务及其应付利息、运营活动形成的应付及预收款项和暂收性负债。政府举借的债务包括政府发行的政府债券，向外国政府、国际经济组织等借入的款项，以及向上级政府借入转贷资金形成的借入转贷款。应付及预收款项包括应付职工薪酬、应付账款、预收款项、应交税费、应付国库集中支付结余和其他应付未付款项。暂收性负债是指政府会计主体暂时收取，随后应作上缴、退回、转拨等处理的款项，主要包括应缴财政款和其他暂收款项。通常政府会计主体的或有事项主要有：未决诉讼或未决仲裁、对外国政府或国际经济组织的贷款担保、承诺（补贴、代偿）、自然灾害或公共事件的救助等
	确认条件	1. 履行该义务很可能导致含有服务潜力或者经济利益的经济资源流出政府会计主体 2. 该义务的金额能够可靠地计量
	计量属性	政府负债的计量属性主要包括历史成本、现值和公允价值。政府会计主体在对负债进行计量时，一般应当采用历史成本
净资产	概念	净资产是指政府会计主体资产扣除负债后的净额，其金额取决于资产和负债的计量
收入	概念	收入是指报告期内导致政府会计主体净资产增加的、含有服务潜力或者经济利益的经济资源的流入
	确认条件	1. 与收入相关的，含有服务潜力或者经济利益的经济资源很可能流入政府会计主体 2. 含有服务潜力或者经济利益的经济资源流入会导致政府会计主体资产增加或者负债减少 3. 流入金额能够可靠地计量
费用	概念	费用是指报告期内导致政府会计主体净资产减少的、含有服务潜力或者经济利益的经济资源的流出
	确认条件	1. 与费用相关的含有服务潜力或者经济利益的经济资源很可能流出政府会计主体 2. 含有服务潜力或者经济利益的经济资源流出会导致政府会计主体资产减少或者负债增加 3. 流出金额能够可靠地计量

第二章

（二）政府会计核算模式

政府会计由预算会计和财务会计构成。政府会计核算应当实现预算会计与财务会计适度分离并相互衔接，全面、清晰地反映政府财务信息和预算执行信息。这种核算模式，能够使公共资金管理中预算管理、财务管理和绩效管理相互联结、融合，全面提高管理水平和资金使用效率，对于规范政府会计行为，夯实政府会计主体预算和财务管理基础，强化政府绩效管理具有重要的影响。

扫一扫"码"上练题

打开微信扫一扫，关注公众号，点击"会计考试GO"小程序，即可线上练题。下载安装"会计学堂"APP，体验更多课程，参与万人模考，助您顺利通关。

基础阶段，建议考生结合视频课程进行学习，消化重难点。

后续可配套《习题精编》进行练习。

第三章 流动资产

流动资产，是指企业拥有或者控制的预计在一个正常营业周期（1年内）中变现、出售或耗用的资产。（2022新增）

第一节 货币资金

扫码听课

图3-1 货币资金的分类

拿分要点

企业内部各部门周转使用的备用金，可以单独设置"备用金"科目进行核算，也可以通过"其他应收款"科目核算，不通过"库存现金"科目核算。

一、库存现金（★★★）

（一）现金管理制度

1. 现金的使用范围

（1）职工工资、津贴；

（2）个人劳务报酬；

（3）根据国家规定颁发给个人的科学技术、文化艺术、体育比赛等各种奖金；

（4）各种劳保、福利费用以及国家规定的对个人的其他支出；

（5）向个人收购农副产品和其他物资的价款；

（6）出差人员必须随身携带的差旅费；

（7）结算起点（1 000元）以下的零星支出；

（8）中国人民银行确定需要支付现金的其他支出。

除上述使用范围中的第（5）、第（6）项外，开户单位支付给个人的款项，超过使用现金限额的部分，应当以支票或者银行本票等方式支付；确需全额支付现金的，经开户银行审核后，予以支付现金。

2. 现金的限额

通常情况下，需核定3～5天日常零星开支所需的库存现金限额，边远地区和交通不便地区，经开户行核定，限额可多于5天，但不得超过15天的日常零星开支。

3. 现金收支的规定

（1）现金收入当日送存；

（2）不得坐支；

（3）提现审批；

（4）特殊情况必须使用现金的，需申请。

现金支出不得从本单位的现金收入中直接支付，即不得坐支现金。

（二）现金的账务处理

企业应当设置"库存现金"科目，借方登记现金的增加，贷方登记现金的减少，期末余额在借方，反映企业实际持有的库存现金的金额。

企业应当设置现金总账和现金日记账，分别进行企业库存现金的总分类核算和明细分类核算。

每日终了，库存现金日记账余额与实际库存现金金额相核对，保证账款相符。月度终了，库存现金日记账的余额应当与库存现金总账的余额核对，做到账账相符。

（三）现金清查——实地盘点法

表3-1　现金清查的内容

现金清查	现金溢余	现金短缺
批准前	借：库存现金 　贷：待处理财产损溢	借：待处理财产损溢 　贷：库存现金
批准后	1. 能查明原因 借：待处理财产损溢 　贷：其他应付款 2. 无法查明原因 借：待处理财产损溢 　贷：营业外收入	1. 能查明原因 借：其他应收款 　贷：待处理财产损溢 2. 无法查明原因 借：管理费用（亏赖管） 　贷：待处理财产损溢

【例题·判断题】企业发生经济业务需要支付现金时，可以从本单位的现金收入中直接安排支付。（　　）（2020年）

【答案】×

【解析】开户单位支付现金，可以从本单位库存现金限额中支付或从开户银行提取，不得从本单位的现金收入中直接支付（即坐支）。因特殊情况需要坐支现金的，应当事先报经开户银行审查批准，由开户银行核定坐支范围和限额。

二、银行存款（★★）

（一）银行存款的概念

银行存款是指企业存放在银行或其他金融机构的货币资金。

（二）银行存款的核对

银行存款日记账应定期与银行对账单核对，至少每月核对一次。企业银行存款账面余额与银行对账单余额之间如有差额，应编制"银行存款余额调节表"对此予以调节，如没有记账错误，调节后的双方余额应相等。

三、其他货币资金（★★）

其他货币资金的内容介绍如表3-2所示。

表3-2 其他货币资金的内容

概念	其他货币资金是指企业除现金、银行存款以外的其他各种货币资金
内容	其他货币资金主要包括： 1. 银行汇票存款 2. 银行本票存款 3. 信用卡存款 4. 信用证保证金存款 5. 存出投资款 6. 外埠存款 记忆方法（"2211"）：两票——银行汇票存款、银行本票存款 　　　　　　　　　两信——信用卡存款、信用证保证金存款 　　　　　　　　　一外——外埠存款 　　　　　　　　　一存——存出投资款
其他货币资金的账务处理	企业应当设置"其他货币资金"科目，借方登记其他货币资金的增加，贷方登记其他货币资金的减少，期末余额在借方，反映企业实际持有的其他货币资金的金额。"其他货币资金"科目应当按照其他货币资金的种类设置明细科目进行核算

四、其他货币资金的核算（★★）

（一）银行汇票存款的核算

1. 银行汇票的相关概念

银行汇票是指出票银行签发的，由其在见票时按照实际结算金额无条件支付给收款人或者持票人的票据。银行汇票存款是指企业为取得银行汇票按照规定存入银行的款项。

2. 出票及用途

（1）出票银行：银行汇票的付款人。

（2）用途：银行汇票可以用于转账，填明"现金"字样的银行汇票也可以用于支取现金。

（3）银行汇票的提示付款期限为自出票日起1个月。

3. 银行汇票存款的账务处理

（1）将"银行汇票申请书"交存银行时：

借：其他货币资金——银行汇票

　　贷：银行存款

（2）用银行汇票购买货物等时：

借：材料采购/原材料/库存商品等

　　应交税费——应交增值税（进项税额）

　　贷：其他货币资金——银行汇票

（3）收到退回的银行汇票多余款项时：

借：银行存款

　　贷：其他货币资金——银行汇票

（二）银行本票存款的核算

1. 银行本票的相关概念

银行本票是指银行签发的，承诺自己在见票时无条件支付确定的金额给收款人或持票人的票据。银行本票存款是指企业为了取得银行本票按规定存入银行的款项。

2. 用途

单位和个人在同一票据交换区域需要支付的各种款项，均可使用银行本票。银行本票可以用于转账，注明"现金"字样的银行本票可以用于支取现金。

银行本票分为不定额本票和定额本票两种。

银行本票的提示付款期限自出票日起最长不得超过2个月。在有效付款期内，银行见票付款。

3. 银行本票存款的账务处理

（1）将"银行本票申请书"款项交存银行时：

借：其他货币资金——银行本票
　　贷：银行存款

（2）用银行本票购买货物等时：

借：材料采购/原材料/库存商品等
　　应交税费——应交增值税（进项税额）
　　　　贷：其他货币资金——银行本票

（三）信用卡存款的核算

1. 信用卡存款的概念

信用卡存款是指企业为取得信用卡而存入银行信用卡专户的款项。信用卡是银行卡的一种。

2. 用途

凡在中国境内金融机构开立基本存款账户的单位可申领单位卡。单位卡账户的资金一律从其基本存款账户转账存入，不得交存现金，不得将销货收入的款项存入其账户。持卡人可持信用卡在特约单位购物、消费，但单位卡不得用于10万元以上的商品交易、劳务供应款项的结算，不得支取现金。

3. 信用卡存款的账务处理

（1）将款项送存银行时：

借：其他货币资金——信用卡
　　贷：银行存款

（2）支付有关费用时：

借：管理费用（等）
　　贷：其他货币资金——信用卡

（四）信用证保证金存款的核算

1. 信用证保证金存款的概念

信用证保证金存款是指采用信用证结算方式的企业为开具信用证而存入银行信用证保证金专户的款项。信用证有国际信用证、国内信用证之分。信用证只限于转账结算，不得支取现金。

2. 信用证保证金存款的账务处理

（1）将信用证保证金交存银行时：

借：其他货币资金——信用证保证金
　　贷：银行存款

（2）用信用证保证金购买货物等时：

借：材料采购/原材料/库存商品等
　　应交税费——应交增值税（进项税额）
　　　　贷：其他货币资金——信用证保证金

（3）将未用完的余额转回开户银行时：

借：银行存款
　　贷：其他货币资金——信用证保证金

（五）存出投资款的核算

1. 存出投资款的概念

存出投资款是指企业为购买股票、债券、基金等根据有关规定存入在证券公司指定银行开立的投资款专户的款项。

2. 存出投资款的账务处理

（1）实际划出金额时：

借：其他货币资金——存出投资款
　　贷：银行存款

（2）购买股票等时：

借：交易性金融资产
　　贷：其他货币资金——存出投资款

（六）外埠存款的核算

1. 外埠存款的概念

外埠存款是指企业为了到外地进行临时或零星采购，而汇往采购地银行开立采购专户的款项。

2. 用途

外埠存款不计利息、只付不收、付完清户，除了采购人员可从中提取少量现金外，一律采用转账结算。

3. 外埠存款的账务处理

（1）将款项存入账户时：

借：其他货币资金——外埠存款

　　贷：银行存款

（2）用外埠存款购买货物等时：

借：材料采购／原材料／库存商品等

　　应交税费——应交增值税（进项税额）

　　贷：其他货币资金——外埠存款

（3）采购完毕收回剩余款项时，根据银行的收账通知：

借：银行存款

　　贷：其他货币资金——外埠存款

拿分要点

销货企业收到银行汇票、银行本票等，填制进账单到开户银行办理款项入账手续时，借记"银行存款"科目，贷记"主营业务收入""应交税费——应交增值税（销项税额）"等科目。

【例题·多选题】下列各项中，企业应通过"其他货币资金"科目核算的有（　　）。（2019年）

A. 用银行本票支付采购办公用品的款项

B. 存入证券公司指定账户的款项

C. 汇往异地银行开立采购专户的款项

D. 存入银行信用证保证金专户的款项

【答案】ABCD

【解析】选项A，属于银行本票存款，通过"其他货币资金——银行本票"科目核算；选项B，属于存出投资款，通过"其他货币资金——存出投资款"科目核算；选项C，属于外埠存款，通过"其他货币资金——外埠存款"科目核算；选项D，属于信用证保证金存款，通过"其他货币资金——信用证保证金"科目核算。

扫一扫"码"上练题

打开微信扫一扫，关注公众号，点击"会计考试GO"小程序，即可线上练题。下载安装"会计学堂"APP，体验更多课程，参与万人模考，助您顺利通关。

基础阶段，建议考生结合视频课程进行学习，消化重难点。

后续可配套《习题精编》进行练习。

扫码听课

第二节 交易性金融资产

一、金融资产概述（★）（2022新增）

（一）金融资产的概念

金融资产，是指企业持有的现金、其他方的权益工具等。

在企业全部资产中，库存现金、银行存款、应收账款、应收票据、贷款、其他应收款、应收利息、债权投资、股权投资、基金投资及衍生金融资产等统称为金融资产。

（二）金融资产的分类

根据管理金融资产的业务模式和金融资产的合同现金流量特征不同，对金融资产划分为以下三类：

1. 以摊余成本计量的金融资产。

2. 以公允价值计量且其变动计入其他综合收益的金融资产。

3. 以公允价值计量且其变动计入当期损益的金融资产。

二、交易性金融资产的概念（★）

以公允价值计量且其变动计入当期损益的金融资产称为"交易性金融资产"。交易性金融资产主要是企业为了近期内出售而持有的金融资产，例如，企业以赚取差价为目的从二级市场购入的股票、债券、基金等；或者是在初始确认时

属于集中管理的可辨认金融工具组合的一部分，且有客观证据表明近期实际存在短期获利模式的金融资产等，如企业管理的以公允价值进行业绩考核的某项投资组合。

三、交易性金融资产的账务处理（★★★）

（一）交易性金融资产的取得

借：交易性金融资产——成本（说明：取得时的公允价值，不含已宣告但尚未发放的现金股利／已到付息期但尚未领取的债券利息）

　　投资收益（取得时所发生的相关交易费用）

　　应收股利／应收利息（取得时的公允价值中包含的已宣告但尚未发放的现金股利／已到付息期但尚未领取的债券利息）

　　应交税费——应交增值税（进项税额）

　　贷：其他货币资金——存出投资款

 拿分要点

购买交易性金融资产的价款中，包含已宣告但尚未发放的现金股利和已到期但尚未领取的利息，应当单独确认为应收项目。

（二）持有交易性金融资产期间

1. 企业持有期间对于被投资单位宣告发放现金股利或已到付息期但尚未领取的债券利息应编制会计分录为：

借：应收股利／应收利息

　　贷：投资收益

收到现金股利或债券利息时：

借：其他货币资金

　贷：应收股利／应收利息

2. 资产负债表日按照公允价值计量，公允价值与账面余额之间的差额计入当期损益。

（1）股价或债券价格上涨时：

借：交易性金融资产——公允价值变动

　贷：公允价值变动损益

（2）股价或债券价格下跌时：

借：公允价值变动损益

　贷：交易性金融资产——公允价值变动

（三）出售交易性金融资产

第一步：确认售价与前一次价格的差额计入"投资收益"。

借：其他货币资金等

　贷：交易性金融资产——成本

　　　　——公允价值变动

　　　　（或借方）

　　　投资收益（卖价减去处置时的账面价值——影响损益的全额）

拿分要点

处置时，无需将持有期间确认的公允价值变动损益结转至投资收益。

第二步：1. 处置金融资产按照卖出价扣除买入价（不需要扣除已宣告未发放现金股利和已到付息期未领取的利息）后的余额作为含税销售额缴纳增值税时：

借：投资收益〔（卖出价－买入价）÷（1＋6%）×6%〕

　贷：应交税费——转让金融商品应交增值税

拿分要点

注意考试时题干买入价是否包含已宣告但尚未发放的现金股利／已到付息期但尚未领取的债券利息的情形。

2. 如果处置金融资产亏损，预计下期通过其他金融资产的处置可以弥补回亏损时：

借：应交税费——转让金融商品应交增值税

　贷：投资收益

3. 如果年度末，处置金融资产的亏损，还没有被弥补回来，不能将该金融资产的损失结转到下一年度。

借：投资收益

　贷：应交税费——转让金融商品应交增值税

躲坑要点

年末，如果"应交税费——转让金融商品应交增值税"科目的借方有余额，说明本年度的金融商品转让损失没有弥补回来，必须在年度末冲抵回来，冲抵后"应交税费——转让金融商品应交增值税"科目年度末借方无余额。

处置交易性金融资产不同情况下对投资收益及损益的影响：

1. 计算整个持有期间对投资收益的影响：将从购入到出售整个期间的所有投资收益发生额加总即可（借方为"－"，贷方为"＋"）。

2. 计算整个持有期间对当期利润的影响：交易费用（负数）＋持有期间的投资收益＋持有期间的公允价值变动损益＋出售时价款（扣除增值税因素）与账面价值之间差额所确认的投资收益。

3. 计算处置时点的投资收益：出售时收到的价款（扣除增值税因素）－出售时的账面余额。

4. 计算处置时点对当期利润的影响：出售时收到的价款（扣除增值税因素）－出售时交易性金融资产账面价值。

【例题·单选题】下列各项中，关于交易性金融资产相关会计处理表述正确的是（　　）。（2019年）

A. 资产负债表日，其公允价值与账面余额之间的差额计入投资收益

B. 按取得时的公允价值作为初始入账金额

C. 出售时公允价值与账面余额的差额计入公允价值变动损益

D. 取得时发生相关交易费用计入初始入账金额

【答案】B

【解析】资产负债表日，交易性金融资产应当按照公允价值计量，公允价值与账面余额之间的差额计入公允价值变动损益，选项A错误；企业取得交易性金融资产时，应当按照该金融资产取得时的公允价值作为其初始入账金额，选项B正确；企业出售交易性金融资产时，应当将该金融资产出售时的公允价值与其账面余额之间的差额作为投资损益进行会计处理，选项C错误；企业取得交易性金融资产所发生的相关交易费用应当在发生时计入当期损益，冲减投资收益，选项D错误。

【例题·多选题】2021年1月1日，A公司购入B公司发行的公司债券，支付价款141万元（其中包含已到付息期但尚未领取的债券利息1万元）。2021年3月15日，A公司出售了所持有的全部B公司债券，售价为300万元，不考虑其他因素，则该项业务与增值税相关账务处理表述正确的有（　　）。

A. 借记"投资收益"科目9万元

B. 贷记"应交税费——转让金融商品应交增值税"科目9万元

C. 借记"投资收益"科目9.06万元

D. 贷记"应交税费——转让金融商品应交增值税"科目9.06万元

【答案】AB

【解析】转让金融商品应交增值税＝（300－141）÷（1+6%）×6%＝9（万元）。

A公司应编制如下会计分录：

借：投资收益　　　　　　　　　　　　9

　　贷：应交税费——转让金融商品应交增值税　　　　　　　　　　　　9

四、短期投资的核算（★）（2022新增）

小企业购入的能随时变现并且持有时间不准备超过1年（含1年）的投资应设置"短期投资"科目核算。该科目为流动资产类科目。短期投资的账务处理如表3-3所示。

表3-3　短期投资的账务处理

取得	借：短期投资 　　应收股利／应收利息（支付价款中包含的股利或利息） 　　贷：银行存款
持有期间	借：应收股利／应收利息 　　贷：投资收益
出售	借：银行存款／库存现金（出售价款） 　　贷：短期投资 　　　　应收股利／应收利息（尚未收到的股利或利息） 　　　　投资收益（倒挤）

第三节 应收及预付款项

扫码听课

一、应收票据（★★）

（一）应收票据的概念

应收票据是指企业因销售商品、提供劳务等而收到的商业汇票。商业汇票是一种由出票人签发的，委托付款人在指定日期无条件支付确定金额给收款人或者持票人的票据。

（二）应收票据的账务处理

1. 取得应收票据：

（1）因债务人抵偿前欠货款取得

借：应收票据

　　贷：应收账款

（2）因销售商品，提供劳务取得

借：应收票据

　　贷：主营业务收入等

　　　　应交税费——应交增值税（销项税额）

2. 收回到期票款：

借：银行存款

　　贷：应收票据

3. 应收票据背书转让：

借：库存商品（在途物资、材料采购、原材料）等

　　应交税费——应交增值税（进项税额）

贷：应收票据

　　银行存款（差额，也可能在借方）

4. 应收票据贴现：

借：银行存款（贴现实收的金额）

　　财务费用（贴现费用）

贷：应收票据

5. 到期未收回：

借：应收账款

　　贷：应收票据

📡 拿分要点

1. 商业汇票的付款期限，最长不得超过6个月。

2. 根据承兑人不同，商业汇票分为商业承兑汇票和银行承兑汇票。

3. 注意与银行汇票的区别：银行汇票通过"其他货币资金"科目核算。

4. 银行承兑汇票的出票人于汇票到期前未能足额交存票款时，承兑银行除凭票向持票人无条件付款外，对出票人尚未支付的汇票金额按每天万分之五计收利息。

二、应收账款（★★★）

（一）应收账款的概念

应收账款是指企业因销售商品、提供劳务等经营活动，应向购货单位或接受劳务单位收取的款项，主要包括企业销售商品或提供劳务等应向有关债务人收取的价款、增值税、代购货单位垫付的包装费、运杂费等。

（二）应收账款的账务处理

1. 取得时：

借：应收账款（不含税销售额＋销项税）

　　贷：主营业务收入

　　　　应交税费——应交增值税（销项税额）

2. 收回时：

借：银行存款

　　贷：应收账款

拿分要点

1. 代客户垫付的运杂费、包装费属于应收账款的范围，不属于企业的收入。包装费为含税金额。

2. 企业应收账款改用应收票据结算，在收到承兑的商业汇票时，借记"应收票据"，贷记"应收账款"科目。

3. 应收账款实际发生坏账损失时，贷记"应收账款"科目。

【例题·单选题】甲公司为增值税一般纳税人，向乙公司销售商品一批，商品价款20万元、增值税税额2.6万元；以银行存款支付代垫运费1万元、增值税税额0.09万元，上述业务均已开具增值税专用发票，全部款项尚未收到。不考虑其他因素，甲公司应收账款的入账金额为（　　）万元。（2020年）

A. 21　　　　　　　B. 22.6

C. 23.69　　　　　D. 20

【答案】C

【解析】应收账款的入账金额＝20+2.6+1+0.09＝23.69（万元）。

三、预付账款（★★）

（一）预付账款的概念

预付账款是指企业按照合同规定预付的款项。预付款项情况不多的企业，可以不设置"预付账款"科目，而直接通过"应付账款"科目核算〔应付账款和预付账款都是核算采购业务的科目，一个是义务（负债），一个是权利（资产），所以"预付账款"可以通过"应付账款"借方核算〕。

（二）预付账款的账务处理

1. 企业根据购货合同的规定向供应单位预付款项时：

借：预付账款

　　贷：银行存款

2. 企业收货时，按购买金额：

借：材料采购／原材料／库存商品

　　应交税费——应交增值税（进项税额）

　　贷：预付账款

拿分要点

1. 当预付价款小于采购货物所需支付的款项时，应将不足部分补付：

借：预付账款

　　贷：银行存款

2. 当预付价款大于采购货物所需支付的款项时，对收回的多余款项：

借：银行存款

　　贷：预付账款

四、应收股利和应收利息（★★）

（一）应收股利

1. 应收股利的概念

应收股利是指企业应收取的现金股利和应收取的其他单位分配的利润。

2. 应收股利的账务处理

被投资方宣告分配现金股利时：

借：应收股利（按持股比例确认）

　　贷：投资收益

躲坑要点

购买金融类资产（交易性金融资产、长期股权投资）的价款中，包含已宣告但尚未发放的现金股利和已到期但尚未领取的利息，应当单独确认为应收项目。

（二）应收利息

1. 应收利息的概念

应收利息是指企业根据合同或协议规定向债务人收取的利息。

2. 应收利息的账务处理

企业在期末计提利息时：

借：应收利息

    贷：投资收益等

五、其他应收款（★★）

（一）其他应收款概述

其他应收款是指企业除应收票据、应收账款、预付账款、应收股利、应收利息以外的其他各种应收及暂付款项。其主要内容包括：

1. 应收的出租包装物租金；

2. 存出保证金，如租入包装物支付的押金；

3. 应收的各种赔款、罚款，如因企业财产等遭受意外损失而应向有关保险公司收取的赔款等；

4. 应收的为职工垫付的款项，如为职工垫付的水电费、应由职工负担的医药费、房租费等；

5. 其他各种应收、暂付款项。

拿分要点

其他应收款内容："两金两收一其他"（两金是应收的租金、支付的押金；两收是应收赔款、应收垫付款）。注意：为客户垫付的款项计入"应收账款"科目。

（二）其他应收款的账务处理

1. 应收的各种赔款、罚款，如因企业财产等遭受意外损失而应向有关保险公司收取的赔款等：

借：其他应收款

    贷：待处理财产损溢

2. 应向职工收取的各种垫付款项，如为职工垫付应由职工负担的医药费、房租费等：

借：其他应收款

    贷：银行存款

3. 应收的出租包装物租金：

借：其他应收款

    贷：其他业务收入

4. 存出保证金——支付的押金：

借：其他应收款

    贷：银行存款

【例题·单选题】下列各项中，企业不应通过"其他应收款"科目核算的是（　　）。（2020年）

A. 应向客户收取的出租包装物租金

B. 应向客户收取的赊销商品价款

C. 应向保险公司收取的财产意外损失赔款

D. 应向职工收取代垫的水电费

【答案】B

【解析】选项B计入应收账款。

六、应收款项减值（★★★）

企业的各项应收款项，可能会因债务人拒付、破产、死亡等信用缺失原因而使部分或全部无法收回。这类无法收回的应收款项通常称为坏账。企业因坏账而遭受的损失称为坏账损失。

我国企业会计准则规定，应收款项减值的核算应采用备抵法。小企业会计准则规定，应收款项减值采用直接转销法。

（一）直接转销法（2022变化）

采用直接转销法时，日常核算中应收款项可能发生的坏账损失不进行会计处理，只有在实际发生坏账时，才作为坏账损失计入当期损益。

1. 坏账损失的确认

小企业应收及预付款项减除可收回的金额后确认的无法收回的应收及预付款项，作为坏账损失。

2. 坏账损失的账务处理

借：银行存款（可收回金额）

　　营业外支出——坏账损失

　　贷：应收账款

3. 直接转销法的优缺点

优点：账务处理简单，将坏账损失在实际发生时确认为损失符合其偶发性特征和小企业经营管理的特点。

缺点：不符合权责发生制会计基础，导致资产和各期损益不实，另外，在资产负债表上，应收账款是按账面余额而不是按账面价值反映，这在一定程度上高估了期末应收款项。

（二）备抵法

备抵法是采用一定的方法按期确定预期信用损失计入当期损益，作为坏账准备，待坏账损失实际发生时，冲销已计提的坏账准备和相应的应收款项。采用这种方法，需要对预期信用损失进行复杂的评估和判断，履行预期信用损失的确定程序。

1. 预期信用损失的概念（2022新增）

预期信用损失，是指以发生违约的风险为权重的金融工具信用损失的加权平均值。信用损失，是指企业按照实际利率折现的、根据合同应收的所有合同现金流量与预期收取的所有现金流量之间的差额。

2. 预期信用损失的确定方法

实务中通常按照应收款项的账面余额和预计可收回金额的差额确定预计信用减值损失。

3. 坏账准备的账务处理

采用备抵法时，企业应当设置"坏账准备"科目，"坏账准备"科目属于资产类会计科目的备抵科目，坏账准备减少记借方，增加记贷方，年末余额在贷方。应收款项减值的核算如表3-4所示。

表3-4　采用备抵法进行应收款项减值核算

初次计提	借：信用减值损失——计提的坏账准备 　　贷：坏账准备
发生坏账	借：坏账准备 　　贷：应收账款／其他应收款等
发生坏账又收回	借：应收账款／其他应收款等 　　贷：坏账准备 借：银行存款 　　贷：应收账款／其他应收款等
再次计提， 应提＝应有－已提＝应收账款的期末余额×坏账准备的计提比例－（或＋）"坏账准备"科目的贷方（或借方）余额 计算结果为正数，补提；计算结果为负数，在原计提金额内转回	1. 补提： 借：信用减值损失——计提的坏账准备 　　贷：坏账准备 2. 冲减： 借：坏账准备 　　贷：信用减值损失——计提的坏账准备

拿分要点

　　除应收账款之外的"应收票据""其他应收款""预付账款"等债权性科目的坏账计提也通过"坏账准备"科目核算。

　　【例题·判断题】备抵法下，转销无法收回的应收账款，应冲减坏账准备和应收账款。（　　）（2020年）

扫一扫"码"上练题

　　打开微信扫一扫，关注公众号，点击"会计考试GO"小程序，即可线上练题。下载安装"会计学堂"APP，体验更多课程，参与万人模考，助您顺利通关。

　　【答案】√

　　【解析】备抵法下，转销无法收回的应收账款的会计分录为：

　　　　借：坏账准备

　　　　　　贷：应收账款

　　　　基础阶段，建议考生结合视频课程进行学习，消化重难点。
　　后续可配套《习题精编》进行练习。

第四节 存货

图3-2　存货的概念和核算

一、存货概述（★）

存货包括各类材料、在产品、半成品、产成品、商品以及周转材料、委托代销商品等。

((·)) 躲坑要点

工程物资、在建工程不属于存货的内容。受托加工商品和受托代销的商品不属于受托企业的存货。

二、存货的初始计量（★★★）

1. 存货增加的情形：外购的存货、投资者投入的存货、委托加工的存货、重组的存货、换入的存货。

2. 存货成本的确定如图3-3和图3-4所示。

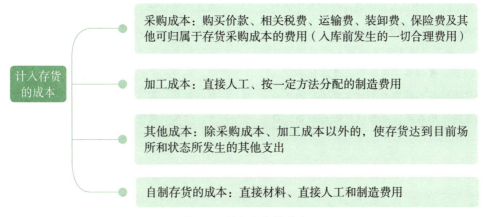

图3-3　计入存货的成本

拿分要点

1. 存货的购买价款是指企业购入的材料或商品的发票账单上列明的价款，但不包括按照规定可以抵扣的增值税进项税额。

2. 存货的相关税费是指企业发生购买存货的进口关税、消费税、资源税和不能抵扣的增值税进项税额以及相应的教育费附加等应计入存货采购成本的税费。

3. 其他可归属于存货采购成本的费用，如在采购过程中发生的仓储费、包装费、运输途中的合理损耗、入库前的挑选整理费用等。不包括采购人员的电话费、差旅费等。

4. 企业设计产品发生的设计费用通常应计入当期损益，但是为特定客户设计产品所发生的、可直接确定的设计费用应计入存货的成本。

不计入存货的成本 ┬ 非正常消耗的直接材料、直接人工和制造费用发生时计入当期损益

├ 仓储费用指企业在存货采购入库后发生的储存费用，应在发生时计入当期损益

└ 不能归属于存货的其他支出，发生时计入当期损益，如采购人员的电话费、差旅费等

图3-4　不计入存货的成本

拿分要点

1. 酒类产品生产企业为使酒达到质量标准而必须发生的仓储费用应计入酒的成本。

2. 运输途中的合理损耗仅增加存货的单位成本，不影响存货的总成本。

3. 商品流通企业采购商品过程中发生的运输费、装卸费、保险费以及其他可归属于存货采购成本的费用等进货费用，应当计入存货的采购成本，也可以先进行归集，期末根据所购商品的存销情况进行分摊。对已售商品的进货费用计入当期损益（主营业务成本）；对尚未销售商品的进货费用，计入期末存货成本。企业采购商品的进货费用金额较小的，可以在发生时直接计入当期损益（销售费用）。

4. 小企业（批发业、零售业）在购买商品过程中发生的运输费、包装费、保险费等，计入"销售费用"科目。（2022新增）

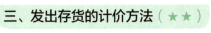

三、发出存货的计价方法（★★）

表3-5　发出存货的计价方法

方法	优点	缺点
个别计价法	成本核算最准确	存货量大、收发比较频繁的企业成本核算的工作量较大
	适用范围：适用于一般不能替代使用的存货，为特定项目专门购入或制造的存货，以及提供的劳务，如珠宝、名画等贵重物品	
先进先出法	可以随时结转存货发出的成本	如果企业存货收发业务较多，且存货单价不稳定，其工作量大
	【躲坑要点】在物价持续上涨时，期末存货成本接近市价，而发出存货成本会偏低（购买成本），会高估企业当期的利润和存货价值，反之会低估企业的存货价值和当期利润	
月末一次加权平均法	可以简化成本计算工作	平时无法从账上提供发出和结存存货的单价及金额，不便于存货成本的日常管理与控制
	【核心计算】1. 存货单位成本＝（月初结存存货成本＋本月购进存货成本）÷（月初结存存货数量＋本月购进存货数量） 2. 本月发出存货成本＝本月发出存货数量×存货单位成本 3. 本月月末结存存货成本＝月末结存存货数量×存货单位成本 或：本月月末结存存货成本＝月初结存存货成本＋本月收入存货成本－本月发出存货成本	
移动加权平均法	能随时结算出存货的收发、结存等数据信息，计算的平均单位成本也比较客观	由于每次收发货都要计算一次平均单位成本，工作量较大，对收发货频繁的企业不太适用
	【核心计算】1. 存货单位成本＝（原有结存存货成本＋本次进货的成本）÷（原有结存存货数量＋本次进货数量） 2. 本次发出存货成本＝本次发出存货数量×存货单位成本（本次发货前） 3. 本月月末存货成本＝月末结存存货数量×月末存货单位成本 或：本月月末结存存货成本＝月初结存存货成本＋本月收入存货成本－本月发出存货成本	

拿分要点

　　发出存货的计价方法一经确定，不得随意变更，如需变更，应在会计报表附注中予以说明（该变更属于会计政策变更）。

四、原材料（★★★）

　　原材料的日常收发及结存可以采用实际成本核算，也可以采用计划成本核算。

　　1. 原材料按实际成本法核算

　　设置的会计科目：原材料、在途物资。

　　"在途物资"科目核算企业采用实际成本法进行材料、商品等物资的日常核算、价款已付尚未验收入库的各种物资的采购成本。

2. 原材料按计划成本法核算

原材料采用计划成本核算，其本质上还是实际成本，只是将实际成本分为计划成本和材料成本差异。

设置的会计科目：材料采购、原材料、材料成本差异。

材料成本差异账户借方登记：已入库材料的超支差异（实际大于计划）；发出材料负担的节约差异。材料成本差异账户贷方登记：已入库材料的节约差异（实际小于计划）；发出材料负担的超支差异。

原材料的成本核算如表3-6所示。

表3-6 原材料的成本核算

类别	实际成本核算	计划成本核算
购入材料时	借：在途物资（货未到、单先到） 应交税费——应交增值税（进项税额） 贷：银行存款等	借：材料采购（实际成本） 应交税费——应交增值税（进项税额） 贷：银行存款等
材料入库时	借：原材料（实际成本） 贷：在途物资	借：原材料（计划成本） 材料成本差异（可能在贷方） 贷：材料采购（实际成本）
材料发出时	借：生产成本（生产车间领用） 制造费用（车间一般耗用） 管理费用（行政管理部门耗用） 销售费用（销售部门耗用） 贷：原材料（实际成本）	借：生产成本（生产车间领用） 制造费用（车间一般耗用） 管理费用（行政管理部门耗用） 销售费用（销售部门耗用） 贷：原材料（计划成本）
期末成本还原		借：生产成本（生产车间领用） 制造费用（车间一般耗用） 管理费用（行政管理部门耗用） 销售费用（销售部门耗用） 贷：材料成本差异 或反方向分录

拿分要点

对于材料已到达并已验收入库，但发票账单等结算凭证未到，货款尚未支付的采购业务，期末应按材料的暂估价值入账，具体处理如下：

1. 采用实际成本核算时，期末按材料的暂估价值，借记"原材料"科目，贷记"应付账款——暂估应付账款"科目。下月初，用红字冲销原暂估入账金额，以便收到结算凭证后按照"单货同到"进行账务处理。

2. 采用计划成本核算时，月末材料应按计划成本暂估入账，借记"原材料"等科目，贷记"应付账款——暂估应付账款"科目，下月初，用红字予以冲回，收到结算凭证后按照"单货同到"进行账务处理。

本期材料成本差异率＝（期初结存材料的成本差异＋本期验收入库材料的成本差异）÷（期初结存材料的计划成本＋本期验收入库材料的计划成本）×100%

发出材料应分摊的材料成本差异＝发出材料的计划成本×本期材料成本差异率

发出材料的实际成本＝发出材料的计划成本×（1＋材料成本差异率）

结存材料应分摊的材料成本差异＝结存材料的计划成本×本期材料成本差异率

结存材料的实际成本＝结存材料的计划成本×（1＋材料成本差异率）

小企业也可以在"原材料""周转材料"等科目下设置"成本差异"明细科目进行材料成本差异的核算。

【例题·单选题】某企业月初结存材料的计划成本为200 000元，材料成本差异为节约差异2 000元；本月入库材料的计划成本为200 000元，材料成本差异为超支差异800元。当月生产车间领用材料的计划成本为300 000元。假定该企业按月末计算的材料成本差异率分配和结转材料成本差异，则当月生产车间领用材料应负担的材料成本差异为（　　）元。

A. 900　　　　　B. −900

C. 2 100　　　　D. −2 100

【答案】B

【解析】当月生产车间领用材料应负担的材料成本差异＝〔（−2 000＋800）÷（200 000＋200 000）〕×300 000＝−900（元）。

五、周转材料（★★）

（一）包装物

包装物的成本核算如表3-7所示。

表3-7　包装物的成本核算

类别	实际成本核算	计划成本核算
购入包装物时	借：周转材料——包装物 　　应交税费——应交增值税（进项税额） 　　贷：银行存款等	借：材料采购（实际成本） 　　应交税费——应交增值税（进项税额） 　　贷：银行存款等 验收入库： 借：周转材料——包装物（计划成本） 　　材料成本差异（可能在贷方） 　　贷：材料采购（实际成本）
生产领用时	借：生产成本 　　贷：周转材料——包装物	借：生产成本 　　贷：材料成本差异（可能在借方） 　　　　周转材料——包装物
随同商品出售，不单独计价	借：销售费用 　　贷：周转材料——包装物	借：销售费用（销售部门耗用） 　　贷：材料成本差异（可能在借方） 　　　　周转材料——包装物
随同商品出售，单独计价	借：银行存款等 　　贷：其他业务收入 　　　　应交税费——应交增值税（销项税额） 同时结转成本： 借：其他业务成本 　　贷：周转材料——包装物	借：银行存款等 　　贷：其他业务收入 　　　　应交税费——应交增值税（销项税额） 同时结转成本： 借：其他业务成本 　　贷：材料成本差异（可能在借方） 　　　　周转材料——包装物

（续上表）

类别	实际成本核算	计划成本核算
出租（借）包装物的发出	借：周转材料——包装物——出租（借）包装物 贷：周转材料——包装物——库存包装物	借：周转材料——包装物——出租（借）包装物 贷：周转材料——包装物——库存包装物 　　材料成本差异（可能在借方）

((♀)) 拿分要点

1. 出租或出借包装物的押金和租金

收取包装物押金时（退还押金做相反会计分录）：

借：库存现金、银行存款等
　　贷：其他应付款——存入保证金

出租期间按约定收取的包装物租金：

借：库存现金、银行存款、其他应收款
　　贷：其他业务收入

2. 出租或出借包装物发生的相关费用

摊销时：

借：其他业务成本（出租）
　　销售费用（出借）
　　　贷：周转材料——包装物——包装
　　　　　物摊销

确认应由其负担的包装物修理费用等支出时：

借：其他业务成本（出租）
　　销售费用（出借）
　　　贷：库存现金/银行存款/原材
　　　　　料/应付职工薪酬等

3. 小企业的各种包装材料，如纸、绳、铁丝、铁皮等，应在"原材料"科目核算；用于储存和保管产品、材料而不对外出售的包装物，应按照价值大小和使用年限长短，分别在"固定资产"科目或"原材料"科目核算。

（二）低值易耗品的成本核算

低值易耗品包括：一般工具、专用工具、替换设备、管理用具、劳动保护用品和其他用具等。核算特点：按照使用次数分次计入成本费用。金额较小的，可在领用时一次计入成本费用。具体内容如表3-8所示。

表3-8　低值易耗品的成本核算

类别	实际成本核算	计划成本核算
购入低值易耗品时	借：周转材料——低值易耗品——在库 　　应交税费——应交增值税（进项税额） 　　贷：银行存款等	借：材料采购（实际成本） 　　应交税费——应交增值税（进项税额） 　　贷：银行存款等 验收入库： 借：周转材料——低值易耗品——在库（计划成本） 　　材料成本差异（可能在贷方） 　　贷：材料采购（实际成本）
低值易耗品领用时	借：周转材料——低值易耗品——在用 　　贷：周转材料——低值易耗品——在库 　　　　（实际成本数据）	借：周转材料——低值易耗品——在用 　　贷：周转材料——低值易耗品——在库（计划成本数据）

（续上表）

类别	实际成本核算	计划成本核算
领用摊销时	借：制造费用等 　　贷：周转材料——低值易耗品——摊销 最后一次摊销完毕需同时： 借：周转材料——低值易耗品——摊销 　　贷：周转材料——低值易耗品——在用	借：制造费用等 　　贷：周转材料——低值易耗品——摊销 　　　　材料成本差异（分摊计划与实际的差额） 最后一次摊销完毕需同时： 借：周转材料——低值易耗品——摊销 　　贷：周转材料——低值易耗品——在用

【例题·多选题】下列各项中，关于包装物的会计处理表述正确的有（　　）。（2020年）

A. 随同商品出售不单独计价的包装物，按实际成本计入其他业务成本

B. 随同商品出售单独计价的包装物，按实际成本计入销售费用

C. 出租的包装物发生的修理费用，按实际支出计入其他业务成本

D. 生产产品领用的包装物，按实际成本计入生产成本

【答案】CD

【解析】随同商品出售不单独计价的包装物，按实际成本计入销售费用，选项A错误；随同商品出售单独计价的包装物，按实际成本计入其他业务成本，选项B错误。

六、委托加工物资（★★★）

（一）委托加工物资的内容

委托加工物资是指企业委托外单位加工的各种材料、商品等物资。其成本的内容和核算如图3-5所示。

图3-5　委托加工物资的成本及其核算

（二）委托加工物资的账务处理

1．发给外单位加工的物资，按实际成本：

借：委托加工物资

　　贷：原材料

　　　　库存商品等

　　　　材料成本差异（或借方）

2．支付加工费用、应负担的运杂费等：

借：委托加工物资

　　应交税费——应交增值税（进项税额）

　　贷：银行存款等

3．需要交纳消费税的委托加工物资，收回后直接用于销售的，应将受托方代收代缴的消费税计入委托加工物资成本：

借：委托加工物资

　　贷：银行存款等

4．收回后用于连续生产应税消费品的，按规定受托方代收代缴的消费税准予抵扣时：

借：应交税费——应交消费税

　　贷：银行存款等

5．收到加工完成验收入库的物资和剩余物资，按实际成本：

借：原材料

　　库存商品等

　　贷：委托加工物资

　　　　材料成本差异（或借方）

【例题·多选题】甲企业为增值税一般纳税人，委托乙企业加工一批应交消费税的材料，该批材料加工收回后用于连续生产应税消费品。下列各项中，甲企业应计入该批委托加工材料成本的有（　　）。（2021年）

A．支付的加工费

B．应负担的不含税运杂费

C．支付的可抵扣的增值税

D．支付的消费税

【答案】AB

【解析】选项C计入"应交税费——应交增值税（进项税额）"；选项D计入"应交税费——应交消费税"。

七、库存商品（★★）

（一）库存商品的内容

库存商品具体包括库存产成品、外购商品、存放在门市部准备出售的商品、发出展览的商品、寄存在外的商品、接受来料加工制造的代制品和为外单位加工修理的代修品等。

（二）库存商品的账务处理

1．验收入库商品

借：库存商品（实际成本）

　　贷：生产成本——基本生产成本

2．发出商品（两步走：一手交钱，一手交货）

（1）一手交钱

借：银行存款/应收账款/应收票据等

　　贷：主营业务收入

　　　　应交税费——应交增值税（销项税额）

（2）一手交货

借：主营业务成本

　　贷：库存商品

（3）如有计提存货跌价准备的，切记结转相应的存货跌价准备

借：存货跌价准备

　　贷：主营业务成本

3．商品流通企业

发出存货，通常还采用毛利率法和售价金额核算法等方法进行核算。

（1）毛利率法（适用商业批发企业）

毛利率法是指根据本期销售净额乘以上期实际（或本期计划）毛利率匡算本期销售毛利，并据以计算发出存货和期末存货成本的一种方法。

计算公式如下：

毛利率＝销售毛利÷销售净额×100%

销售净额＝商品销售收入－销售退回和折让

销售毛利＝销售净额×毛利率

销售成本＝销售净额－销售毛利

期末存货成本＝期初存货成本＋本期购货成本－本期销售成本

这种方法适用于经营品种较多，月度计算成本确有困难的企业。它既能减轻成本核算工作量，又能满足批发企业对存货的管理需求。

（2）售价金额核算法（适用零售企业）

售价金额核算法是指平时商品的购入、加工收回、销售均按售价记账，售价与进价的差额通过"商品进销差价"科目核算，期末计算进销差价率和本期已销商品应分摊的进销差价，并据以调整本期销售成本的一种方法。

计算公式如下：

商品进销差价率＝（期初库存商品进销差价＋本期购入商品进销差价）÷（期初库存商品售价＋本期购入商品售价）×100%

本期销售商品应分摊的商品进销差价＝本期商品销售收入×商品进销差价率

本期销售商品的成本＝本期商品销售收入－本期销售商品应分摊的商品进销差价

期末结存商品的成本＝期初库存商品的进价成本＋本期购进商品的进价成本－本期销售商品的成本

借：库存商品（售价）
  应交税费——应交增值税（进项税额）
 贷：银行存款／在途物资／委托加工物资
  商品进销差价（差额）

对外销售发出商品时，按售价结转销售成本：

借：主营业务成本（售价）
 贷：库存商品

期（月）末分摊已销商品的进销差价时：

借：商品进销差价
 贷：主营业务成本

((o)) 拿分要点

1. 售价金额核算法的核算思路与计划成本核算法的思路相同，区别之处就是进销差价不会出现负数，永远是超支差异的状态。

2. 如果企业的商品进销差价率各期之间比较均衡，可以采用上期商品进销差价率来分摊本期的商品进销差价，但年度末需要对商品进销差价进行核实调整。

【例题·单选题】某商场采用售价金额核算法核算库存商品，2021年3月1日，该商场库存商品的进价成本总额为180万元，售价总额为250万元；本月购入商品的进价成本总额为500万元，售价总额为750万元；本月实现的销售收入总额为600万元。不考虑其他因素，2021年3月31日该商场库存商品的成本总额为（　　）万元。

A. 408　　　B. 400

C. 272　　　D. 192

【答案】C

【解析】本月商品进销差价率＝（期初库存商品进销差价＋本期购入商品进销差价）÷（期初库存商品售价＋本期购入商品售价）×100%＝（250－180＋750－500）÷（250＋750）×100%＝32%，2021年3月31日该商场库存商品的成本总额＝（250＋750－600）×（1－32%）＝272（万元）。

八、消耗性生物资产（★）（2022新增）

生物资产，是指农业活动所涉及的活的动物或植物。生物资产分为消耗性生物资产、生产性生物资产和公益性生物资产。

消耗性生物资产，是指企业（农、林、牧、渔业）生长中的大田作物、蔬菜、用材林以及存栏待售的牲畜等。如玉米和小麦等庄稼、用材林、存栏待售的牲畜、养殖的鱼等。

1. 消耗性生物资产的成本确定

企业自行栽培、营造、繁殖或养殖的消耗性生物资产的成本，应当按照下列规定确定：

（1）自行栽培的大田作物和蔬菜的成本包括：在收获前耗用的种子、肥料、农药等材料费、人工费和应分摊的间接费用。

（2）自行营造的林木类消耗性生物资产的成本包括：郁闭前发生的造林费、抚育费、营林设施费、良种试验费、调查设计费和应分摊的间接费用。

（3）自行繁殖的育肥畜的成本包括：出售前发生的饲料费、人工费和应分摊的间接费用。

（4）水产养殖的动物和植物的成本包括：在出售或入库前耗用的苗种、饲料，肥料等材料费、人工费和应分摊的间接费用。

2. 主要会计科目设置

设置"消耗性生物资产"科目核算企业持有的消耗性生物资产的实际成本。设置"农产品"科目核算企业消耗性生物资产收获的农产品。

3. 账务处理

消耗性生物资产的账务处理如下表3-9所示。

表3-9　消耗性生物资产的账务处理

取得	外购，自行栽培、营造、繁殖，农业生产过程发生的归属消耗性生物资产的支出 借：消耗性生物资产 　　贷：银行存款/应付账款
后续支出	择伐、间伐或抚育更新性质采伐而补植林木的支出 借：消耗性生物资产 　　贷：银行存款 林木达到郁闭后的管护费支出 借：管理费用 　　贷：银行存款
收获	消耗性生物资产收获为农产品时 借：农产品 　　贷：消耗性生物资产
出售	借：银行存款 　　贷：主营业务收入 借：主营业务成本 　　贷：消耗性生物资产/农产品

九、存货清查（★★★）

存货的清查如表3-10所示。

表3-10 存货的清查

类型	审批前	审批后
盘盈	借：原材料 　　贷：待处理财产损溢	借：待处理财产损溢 　　贷：管理费用
盘亏	借：待处理财产损溢 　　贷：原材料 　　　　应交税费——应交增值税（进项税额转出） 【拿分要点】自然灾害导致的存货损失增值税进项税额不用转出，其他原因导致的存货损失进项税额必须转出	借：原材料（残料） 　　其他应收款（过失方赔偿） 　　管理费用（管理不善） 　　营业外支出（自然灾害） 　　贷：待处理财产损溢

拿分要点

1. 自然灾害不要和非正常损失混淆。（暴雨、地震、洪水、台风属于自然灾害）

2. 存货盘盈一律冲减"管理费用"科目。

3. 小企业存货盘盈计入营业外收入，盘亏计入营业外支出。（2022新增）

【例题·判断题】材料盘亏净损失属于一般经营损失的部分，应记入"营业外支出"科目。
（　　）（2020年）

【答案】×

【解析】扣除残料价值和应由保险公司、过失人赔款后的净损失，属于一般经营损失的部分，记入"管理费用"科目，属于非常损失的部分，记入"营业外支出"科目。

十、存货减值（★★★）

（一）存货减值的概念

资产负债表日，存货应当按照成本与可变现净值孰低计量。其中，成本是指期末存货的实际成本。

可变现净值＝估计售价－至完工时估计将要发生的成本－估计的销售费用－相关税费

存货成本高于其可变现净值的，应当计提存货跌价准备，计入当期损益。

（二）存货跌价准备的账务处理

1. 当存货成本高于其可变现净值时
借：资产减值损失
　　贷：存货跌价准备（差额）

2. 转回已计提的存货跌价准备金额时
借：存货跌价准备（恢复增加的金额≤已计提金额）
　　贷：资产减值损失

3. 存货出售时结转存货跌价准备
借：存货跌价准备
　　贷：主营业务成本、其他业务成本等

拿分要点

1. 存货跌价准备以后期间是可以转回的，会计核算中的流动资产减值均可以转回。

2. 消耗性生物资产的可变现净值低于其

账面价值的差额，计提消耗性生物资产跌价准备，并计入当期损益。

【例题·多选题】下列各项中，关于存货期末计量会计处理表述错误的有（   ）。（2020年）

A. 当存货可变现净值高于存货成本时应按其可变现净值计价

B. 当存货可变现净值高于存货成本时应将其差额计入当期损益

C. 已计提的存货跌价准备不得转回

D. 当存货账面价值高于其可变现净值时，应计提存货跌价准备

【答案】ABC

【解析】当存货可变现净值高于存货成本时，按成本计量，选项A、B不正确；已计提的存货跌价准备在减值因素消失时可以转回，选项C不正确。

扫一扫"码"上练题

打开微信扫一扫，关注公众号，点击"会计考试GO"小程序，即可线上练题。下载安装"会计学堂"APP，体验更多课程，参与万人模考，助您顺利通关。

基础阶段，建议考生结合视频课程进行学习，消化重难点。

后续可配套《习题精编》进行练习。

非流动性资产，是指不能在1年或者超过1年的一个营业周期内变现或者耗用的资产。非流动资产包括流动资产以外的债权投资、其他债权投资、长期应收款、长期股权投资、其他权益工具投资、其他非流动金融资产、投资性房地产、固定资产、在建工程、生产性生物资产、油气资产、使用权资产、无形资产、开发支出、商誉、长期待摊费用、递延所得税资产、其他非流动资产等。（2022新增）

第一节　长期投资

扫码听课

提示：本节为教材2022新增内容。

一、长期投资概述（★）

表4-1　长期投资概述

概念	指企业投资期限在1年（含1年）以上的对外投资
优点	投资期限长、稳定性和收益性相对较高
缺点	投资种类和投资的具体目的多种多样、投资金额较高、资金占用时间长、资金周转慢、资金调度困难、投资风险高
内容	**债权投资**：指以摊余成本计量的金融资产中的债权投资
	其他债权投资：既以收取合同现金流量为目标又以某个特定日期出售该金融资产为目标管理的金融资产投资，其性质属于以公允价值计量且其变动计入其他综合收益的金融资产
	长期股权投资：包括对联营企业、合营企业和子公司的投资
	其他权益工具投资：以公允价值计量且其变动计入其他综合收益的金融资产中的权益投资（普通股投资除外）

二、债权投资（★）

（一）债权投资的确认与计量

1. 取得时应当按照购买价款和相关税费作为成本进行计量。实际支付价款中包含的已到付息期但尚未领取的债券利息，应当单独确认为应收利息。

2. 持有期间的摊余成本应当以其初始确认金额扣除已偿还的本金、加上或减去采用实际利率法将该初始确认金额与到期日金额之间的差额进行摊销形成的累计摊销额、扣除计提的累计信用减值准备计算确定。

3. 在持有期间发生的应收利息（实际利率法下考虑溢、折价摊销等利息调整后）应当确认为投资收益。

4. 处置债权投资，处置价款扣除其账面余额、相关税费后的净额，应当计入投资收益。

5. 预期发生信用减值损失的还应计提债权投资减值准备。

6. 债权投资的后续计量分为实际利率法和直线法两种。

实际利率法：计算金融资产的摊余成本以及将利息收入分摊计入各会计期间的方法。

直线法：债券投资的折价或溢价在债券存续期间内于确认相关债券利息收入时采用直线法进行摊销。

要求：企业应当采用实际利率法，小企业采用直线法。

（二）债权投资的账务处理

表4-2　债权投资的账务处理

小企业（直线法）	1. 取得投资 借：长期债券投资——面值 　　　　　　　　——溢折价（或贷方）（倒挤差额） 　　贷：银行存款 2. 持有期间，确认利息收入，摊销溢折价 借：应收利息（面值×票面利率） 　　贷：长期债券投资——溢折价（溢折价÷摊销次数） 　　　　投资收益（倒挤差额） 3. 收到利息时 借：银行存款 　　贷：应收利息 4. 到期收到本金和最后一期利息 借：银行存款 　　贷：长期债券投资——面值 　　　　应收利息 5. 减值（可收回金额＜账面余额） 借：营业外支出 　　贷：长期债券投资

（续上表）

企业（实际利率法）	1. 取得投资 借：债权投资——成本（面值） 　　　　　　——利息调整（倒挤差额） 　　　应收利息（支付价款中包含的已到付息期但尚未领取的债券利息） 　　贷：银行存款（支付款项） 2. 持有期间，确认利息收入 借：债权投资——应计利息（面值×票面利率，一次还本付息债券） 　　　应收利息（面值×票面利率，分期付息债券） 　　贷：债权投资——利息调整（倒挤差额） 　　　投资收益（摊余成本×实际利率）

三、长期股权投资（★★★）

（一）长期股权投资的确认和计量

1. 长期股权投资的确认与计量的范围包括：

（1）投资方能够对被投资单位实施控制的权益性投资，即对子公司投资；

（2）投资方与其他合营方同对被投资单位实施共同控制且对被投资单位净资产享有权利的权益性投资，即对合营企业投资；

（3）投资方对被投资单位具有重大影响的权益性投资，即对联营企业投资。

按照小企业会计准则规定，长期股权投资是指小企业准备长期持有的权益性投资。

2. 长期股权投资的初始计量

表4-3　长期股权投资的初始计量

情形	计量原则
以合并方式取得	1. 同一控制下企业合并形成的长期股权投资： 长期股权投资=取得被合并方所有者权益在最终控制方合并财务报表中的账面价值的份额 2. 非同一控制下企业合并形成的长期股权投资： 以支付现金、转让非现金资产或承担债务方式等作为合并对价的 长期股权投资=付出对价的公允价值（视为转让或处置了资产） 以发行权益性证券作为合并对价的 长期股权投资=发行权益性证券公允价值（如股票发行价） 【躲坑要点】企业为企业合并发生的审计、法律服务、评估咨询等中介费用以及其他相关管理费用应作为当期损益计入管理费用
以非合并方式取得	以支付现金、非现金资产等其他方式取得的长期股权投资，应按现金、非现金货币性资产的公允价值作为初始投资成本计量 以发行权益性证券取得的长期股权投资应当按照发行的权益性证券的公允价值作为初始投资成本计量
小企业	1. 以支付现金取得的长期股权投资，应当按照购买价款和相关税费作为成本进行计量。实际支付价款中包含的已宣告但尚未发放的现金股利，应当单独确认为应收股利 2. 通过非货币性资产交换取得的长期股权投资，应当按照换出非货币性资产的评估价值和相关税费作为成本进行计量

3. 长期股权投资的后续计量

表4-4　长期股权投资的后续计量

方法	适用对象	计量原则
成本法	1. 对被投资单位实施控制 2. 小企业	除追加投资或收回投资外，长期股权投资的账面价值一般应当保持不变 除取得投资时实际支付的价款或对价中包含的已宣告但尚未发放的现金股利或利润外，投资企业应当按照被投资单位宣告发放的现金股利或利润中应享有的份额确认投资收益
权益法	联营企业和合营企业	取得长期股权投资以初始投资成本计价，后续根据投资企业享有被投资单位所有者权益份额的变动相应对其投资的账面价值进行调整的一种方法

（二）长期股权投资的账务处理

1. 形成长期股权投资的账务处理

表4-5　形成长期股权投资的账务处理

支付现金、转让非现金资产或承担债务方式取得长期股权投资	同一控制下企业合并	借：长期股权投资 　　资本公积——股本溢价（倒挤差额） 　贷：银行存款 【躲坑要点】股本溢价不足冲减的，冲减盈余公积和利润分配
	非同一控制下企业合并	借：长期股权投资 　　累计折旧 　　固定资产减值准备 　贷：固定资产 　　　资产处置损益等 【躲坑要点】实质是转让或处置了非现金资产，要确认处置损益
	非合并方式	借：长期股权投资 　　累计折旧 　贷：银行存款／固定资产 　　　资产处置损益等
发行权益性证券		借：长期股权投资 　贷：股本 　　　资本公积——股本溢价（倒挤差额） 【躲坑要点】股本溢价不足冲减的，冲减盈余公积和利润分配

2. 采用成本法下长期股权投资的账务处理

被投资单位宣告发放现金股利或利润：

借：应收股利

　　贷：投资收益

3. 采用权益法下长期股权投资的账务处理（按享有份额计算）

（1）初始投资成本＜投资时应享有的被投资单位可辨认净资产公允价值份额

借：长期股权投资——投资成本

　　贷：营业外收入

（2）被投资单位实现盈利或亏损

借：长期股权投资——损益调整

　　贷：投资收益

拿分要点

被投资单位发生净亏损作相反的会计分录，但以"长期股权投资"科目的账面价值减记至零为限；还需承担的投资损失，应将其他实质上构成对被投资单位净投资的"长期应收款"等的账面价值减记至零为限；除按照以上步骤已确认的损失外，按照投资合同或协议约定将承担的损失，确认为预计负债。除上述情况仍未确认的应分担被投资单位的损失，应在账外备查登记。发生亏损的被投资单位以后实现净利润的，应按与上述相反的顺序进行处理。

（3）被投资单位分配股利或利润

借：应收股利

　　贷：长期股权投资——损益调整

拿分要点

1. 收到被投资单位发放的股票股利，不进行账务处理，但在备查簿中登记。

2. 发生亏损的被投资单位以后实现净利润的，企业计算应享有的份额，如有未确认投资损失的，应先弥补未确认的投资损失，弥补损失后仍有余额的，依次借记"长期应收款"科目和"长期股权投资"科目（损益调整），贷记"投资收益"科目。

（4）被投资单位除净损益、利润分配以外的其他综合收益变动或所有者权益的其他变动，企业按持股比例计算应享有的份额

借：长期股权投资——其他综合收益

　　　　　　　　　——其他权益变动

贷：其他综合收益

　　资本公积——其他资本公积

4. 计提长期股权投资减值准备

资产负债表日，企业根据资产减值相关要求确定长期股权投资发生减值的。

借：资产减值损失

　　贷：长期股权投资减值准备

拿分要点

小企业发生长期股权投资减值损失采用直接转销法核算。实际发生的长期股权投资损失，应当按照可收回的金额，借记"银行存款"等科目，按照其账面余额，贷记"长期股权投资"科目，按照其差额，借记"营业外支出"科目。

5. 处置长期股权投资的会计处理

（1）成本法

借：银行存款

　　长期股权投资减值准备

贷：长期股权投资

　　应收股利（尚未领取的现金股利或利润）

　　投资收益（倒挤差额）

（2）权益法

应当采用与被投资单位直接处置相关资产或负债相同的基础，对相关的其他综合收益进行会计处理。对于应转入当期损益的其他综合收益，应按结转的长期股权投资的投资成本比例结转原记入"其他综合收益"科目的金额，借记或贷记"其他综合收益"科目，贷记或借记"投资收益"科目。

处置采用权益法核算的长期股权投资时，还应按结转的长期股权投资的投成本比例结转原记入"资本公积——其他资本公积"科目的金额，借记或贷记"资本公积——其他资本公积"科目，贷记或借记"投资收益"科目。

扫码听课

第二节 投资性房地产

提示：本节为教材2022新增内容。

一、投资性房地产的管理（★）

表4-6 投资性房地产的管理

概念	为赚取租金或资本增值，或两者兼有而持有的房地产
持有目的	赚取租金、资本增值
包括项目	已出租的土地使用权（经营租赁方式租入再转租除外）
	持有并准备增值后转让的土地使用权（闲置土地除外）
	已出租的建筑物（经营租赁方式租入再转租除外）
不包括项目	部分投资、部分自用，不能单独计量和出售的，不确认为投资性房地产
	企业自用房地产和作为存货的房地产

二、投资性房地产的确认与计量（★★）

表4-7 投资性房地产的确认与计量

确认	确认条件	1. 与该投资性房地产有关的经济利益很可能流入企业 2. 该投资性房地产的成本能够可靠地计量
	确认时点	1. 出租：一般为租赁期开始日，即进入出租状态、开始赚取租金的日期。 【躲坑要点】企业持有以备经营出租的空置建筑物，董事会或类似机构作出书面决议，明确表明将其用于经营出租且持有意图短期内不再发生变化的，即使尚未签订租赁协议，也应视为投资性房地产 2. 持有并准备增值后转让的土地使用权：将自用土地使用权停止自用、准备增值后转让的日期
计量	成本模式	初始计量和后续计量均采用实际成本进行核算 外购、自行建造等按照初始购置或自行建造的实际成本计量，后续发生符合资本化条件的支出计入账面成本，后续计量按照固定资产或无形资产的相关规定按期计提折旧或摊销，资产负债表日发生减值的计提减值准备
	公允价值模式	初始计量采用实际成本核算，后续计量按照公允价值进行计量 【躲坑要点】按准则规定，只有存在确凿证据表明公允价值能够持续可靠取得的情况下，企业才可以采用公允价值模式进行后续计量

躲坑要点

　　企业通常应当采用成本模式对投资性房地产进行后续计量，且同一企业只能采用一种模式对所有投资性房地产进行后续计量，不得同时采用两种计量模式。同时规定，企业可以从成本模式变更为公允价值模式，已采用公允价值模式不得转为成本模式。

　　投资性房地产应设置的会计科目如表4-8所示。

表4-8　投资性房地产会计科目设置及其对照表

会计科目设置	成本模式	公允价值模式
初始核算	设置"投资性房地产"科目，核算实际成本及其增减变化	设置"投资性房地产——成本"科目，核算实际成本及其增减变化
后续核算	1. 设置"投资性房地产累计折旧"和"投资性房地产累计摊销"科目，分别核算计提折旧或计提摊销 2. 设置"投资性房地产减值准备"科目，核算计提的减值准备	1. 设置"投资性房地产——公允价值变动"科目，核算公允价值增减变动 2. 设置"公允价值变动损益"科目，核算投资性房地产公允价值变动损益 3. 设置"其他综合收益"科目，核算非投资性房地产转换为投资性房地产转换的公允价值大于账面价值的差额
处置核算	设置"其他业务收入"和"其他业务成本"科目，核算处置收益和成本	设置"其他业务收入"和"其他业务成本"科目，核算处置收益和结转的成本

三、投资性房地产的账务处理（★★★）

（一）取得投资性房地产的账务处理

表4-9　取得投资性房地产的账务处理

取得方式	账务处理	
外购	借：投资性房地产（购买价款+相关税费+其他支出） 　　贷：银行存款 【躲坑要点】部分出租（或资本增值）、部分自用，应按照不同部分的公允价值占公允价值总额的比例将成本在不同部分之间进行分配	
自行建造	借：投资性房地产 　　贷：银行存款/在建工程 成本包括：土地开发费、建筑成本、安装成本、应予以资本化的借款费用、支付的其他费用和分摊的间接费用等	
自用房地产或存货转为投资性房地产	成本模式	借：投资性房地产 　　累计折旧/累计摊销 　　贷：固定资产/无形资产 　　　　投资性房地产累计折旧/投资性房地产累计摊销

（续上表）

取得方式		账务处理
自用房地产或存货转为投资性房地产	公允价值模式	投资性房地产＝转换日公允价值 转换日公允价值小于原账面价值，差额计入公允价值变动损益 转换日公允价值大于原账面价值，差额计入其他综合收益（处置时应转入处置当期损益）

（二）投资性房地产后续核算的账务处理

1. 采用成本模式对投资性房地产进行后续计量。

比照固定资产或无形资产的相关规定计提折旧或摊销；存在减值迹象的，应当按照资产减值的相关规定进行处理。

按月计提投资性房地产折旧和摊销：

借：其他业务成本

  贷：投资性房地产累计折旧

    投资性房地产累计摊销

每月确认应收租金收入时：

借：其他应收款

  贷：其他业务收入

2. 采用公允价值模式对投资性房地产进行后续计量。

采用公允价值模式进行后续核算，投资性房地产不应计提折旧或摊销。

（1）购入时：

借：投资性房地产——成本

  贷：银行存款

（2）期末，按照公允价值调整其账面价值，差额计入当期损益：

借：投资性房地产——公允价值变动（可能在贷方）

  贷：公允价值变动损益——投资性房地产（可能在借方）

（三）投资性房地产处置的账务处理

企业出售、转让、报废投资性房地产或者发生投资性房地产毁损，应当将处置收入扣除其账面价值和相关税费后的金额计入当期损益。具体账务处理见表4-10。

表4-10　投资性房地产处置的账务处理

成本模式	借：银行存款
	  贷：其他业务收入
	借：其他业务成本
	  投资性房地产累计折旧（或摊销）
	  贷：投资性房地产

公允价值模式	借：银行存款
	  贷：其他业务收入
	借：其他业务成本
	  投资性房地产——公允价值变动（可能在贷方）
	  贷：投资性房地产——成本

第三节　固定资产

扫码听课

一、固定资产的管理（★）

（一）固定资产的概念和特征

固定资产是指同时具有以下特征的有形资产：

1. 为生产商品、提供劳务、出租（指经营性租赁方式出租）或经营管理而持有的；不是直接用于出售；

2. 使用寿命超过一个会计年度。

（二）固定资产的分类

固定资产的分类具体如图4-1和图4-2所示。

图4-1　固定资产的分类（按经济用途分类）

图4-2　固定资产的分类（综合分类）

拿分要点

1. 固定资产的各组成部分具有不同使用寿命或者以不同方式为企业提供经济利益，适用不同折旧率或折旧方法的应当分别将各组成部分确认为单项固定资产。

2. 土地（过去已经单独估价入账的土地）属于企业固定资产。因征地而支付的补偿费，应计入与土地有关的房屋、建筑物价值内，不单独作为土地价值入账。非房地产企业取得的土地使用权，应作为无形资产管理和核算，不作为固定资产管理和核算。

二、取得固定资产（★★★）

（一）外购固定资产

1. 外购固定资产的概念

企业外购的固定资产，应按实际支付的购买价款、相关税费、使固定资产达到预定可使用状态前所发生的可归属于该项资产的运输费、装卸费、安装费和专业人员服务费等，作为固定资产的取得成本。

2. 外购固定资产的账务处理

（1）购入不需要安装固定资产

借：固定资产

　　应交税费——应交增值税（进项税额）

　　　贷：银行存款

（2）购入需要安装固定资产

借：在建工程

　　应交税费——应交增值税（进项税额）

　　　贷：银行存款、应付职工薪酬等

（3）达到预定可使用状态时

借：固定资产

　　　贷：在建工程

拿分要点

企业以一笔款项购入多项没有单独标价的固定资产，应将各项资产单独确认为固定资产，并按各项固定资产公允价值的比例对总成本进行分配，分别确定各项固定资产的成本。

（二）自行建造固定资产

1. 自行建造固定资产的概念

企业自行建造固定资产，应按建造该项资产达到预定可使用状态前所发生的必要支出，作为固定资产的成本。

2. 自行建造固定资产的账务处理

（1）购入工程物资时（不用再区分生产用和非生产用固定资产）

借：工程物资

　　应交税费——应交增值税（进项税额）

　　　贷：银行存款

（2）领用工程物资时

借：在建工程

　　　贷：工程物资

（3）在建工程领用本企业原材料时

借：在建工程

　　　贷：原材料

（4）在建工程领用本企业生产的商品时（自用于应税项目不视同销售）

借：在建工程

　　　贷：库存商品

（5）自营工程发生的其他费用（如分配工程人员工资等）

借：在建工程

　　　贷：银行存款

　　　　　应付职工薪酬

（6）自营工程达到预定可使用状态时

借：固定资产（按其成本）

　　　贷：在建工程

3. 出包工程

在这种方式下，"在建工程"科目主要是企业与建造承包商办理工程价款的结算科目。

【例题·单选题】某增值税一般纳税人自建仓库一幢，购入一批工程物资，增值税专用发票上注明价款200万元，增值税税额为26万元，已全部用于建造仓库；耗用库存原材料50万元，购入时的增值税税额为6.5万元；支付建筑工人工资30万元。不考虑其他因素。该仓库建造完成并达到预定可使用状态，其入账价值为（　　）万元。

A. 306　　B. 280　　C. 312.5　　D. 230

【答案】B

【解析】一般纳税人建造固定资产相关的增值税可以抵扣，所以该仓库的入账价值＝200+50+30＝280（万元）。

三、对固定资产计提折旧（★★★）

（一）固定资产的折旧

企业应在固定资产使用寿命内，按照确定的方法对应计折旧额进行系统分摊。固定资产的使用寿命和预计净残值一经确定，不得随意变更。

1. 影响折旧的因素：原价、预计净残值、已计提的减值准备、使用寿命。

2. 不提折旧的情况：

（1）已提足折旧仍继续使用的固定资产；

（2）单独计价入账的土地。

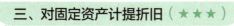 拿分要点

1. 固定资产应当按月计提折旧，当月增加的固定资产，当月不计提折旧，从下月起计提折旧；当月减少的固定资产，当月仍计提折旧，从下月起不计提折旧。

2. 固定资产提足折旧后，不论能否继续使用，均不再计提折旧；提前报废的固定资产，也不再补提折旧。所谓提足折旧，是指已经提足该项固定资产的应计折旧额。

3. 对于改扩建期间的固定资产不计提折旧。

4. 固定资产的使用寿命、预计净残值和折旧方法的改变应当作为会计估计变更进行会计处理。

（二）固定资产的折旧方法

固定资产的折旧方法包括两类：匀速折旧（年限平均法、工作量法）；加速折旧（双倍余额递减法、年数总和法）。具体内容如表4-11所示。

表4-11　固定资产的折旧方法

方法	计算公式
年限平均法	年折旧额＝（原价－预计净残值）÷预计使用年限 ＝原价×（1－预计净残值率）÷预计使用年限
工作量法	工作量折旧额＝（原价－预计净残值）÷预计总工作量 ＝原价×（1－预计净残值率）÷预计总工作量
年数总和法	年折旧额＝（原价－预计净残值）×年折旧率 ＝原价×（1－预计净残值率）×年折旧率 年折旧率＝尚可使用年限÷年数总和×100% 【拿分要点】年数总和法的年折旧率是每期变化的
双倍余额递减法	年折旧额＝固定资产账面净值×年折旧率 ＝（原价－折旧）×年折旧率 年折旧率＝2÷预计使用年限×100% 【拿分要点】1. 双倍余额递减法的年折旧率是固定不变的 2. 固定资产使用寿命到期前两年内，将固定资产的账面净值扣减预计净残值后的余额在两年内平均摊销

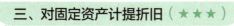 拿分要点

1. 月折旧额＝年折旧额÷12

2. 已计提减值准备的固定资产，应当按照该项资产的账面价值（固定资产账面余额扣减累计折旧和减值准备后的金额）以及尚可使用寿命重新计算确定折旧率和折旧额。

总结

固定资产账面净值＝固定资产原值－累计折旧

固定资产账面价值＝固定资产原值－累计折旧－固定资产减值准备＝固定资产账面净值－固定资产减值准备

（三）固定资产折旧的账务处理

借：在建工程（建造固定资产过程中使用）

其他业务成本（经营出租）

制造费用（生产车间使用的固定资产）

销售费用（销售部门使用的固定资产）

管理费用（管理部门使用的固定资产）

贷：累计折旧

四、固定资产发生的后续支出（★★★）

固定资产的后续支出是指固定资产在使用过程中发生的更新改造支出、修理费用等。

（一）核算方法

1. 固定资产的更新改造等后续支出，满足固定资产确认条件的，应当计入固定资产成本，如有被替换的部分，应同时将被替换部分的账面价值从该固定资产原账面价值中扣除；不满足固定资产确认条件的后续支出，应当在发生时计入当期损益。

2. 固定资产发生可资本化的后续支出时，企业应将固定资产的原价、已计提的累计折旧和减值准备转销，将固定资产的账面价值计入"在建工程"。固定资产发生的可资本化的后续支出，通过"在建工程"科目核算。

在固定资产发生的后续支出完工并达到预定可使用状态时，从"在建工程"科目转入"固定资产"科目。

（二）账务处理汇总

1. 费用化支出

【例题·多选题】下列关于计提固定资产折旧的说法中正确的有（　　）。（2021年）

A. 公司当月减少的固定资产当月照提折旧

B. 公司当月增加的固定资产当月开始计提折旧

C. 固定资产提足折旧后仍继续使用的不用计提折旧

D. 提前报废但未提足折旧的固定资产不再补提折旧

【答案】ACD

【解析】当月增加的固定资产当月不提折旧，从下月起计提折旧；当月减少的固定资产当月仍提折旧，从下月起不提折旧。固定资产提足折旧后，不论能否继续使用，均不再计提折旧；提前报废的固定资产，也不再补提折旧。

借：管理费用（行政管理部门、财务部门）

销售费用（销售部门）

贷：银行存款等

2. 资本化支出

（1）开始改造时，将固定资产账面价值转入"在建工程"，并停止计提折旧：

借：在建工程

累计折旧

固定资产减值准备

贷：固定资产

（2）更换坏损旧部件时（更换的旧部件要计算其账面价值）：

借：营业外支出（旧部件的账面价值）

贷：在建工程

（3）发生改造成本支出时：

借：在建工程

贷：原材料／应付职工薪酬／银行存款等

（4）达到预定可使用状态时：

借：固定资产

　　贷：在建工程

【例题·判断题】企业对固定资产进行更新改造时，应当将该固定资产账面价值转入"在建工程"科目，并将被替换部件的变价收入冲减"在建工程"科目。（　　）（2020年）

【答案】×

【解析】被替换部分的变价收入冲减营业外支出。

五、处置固定资产（★★★）

固定资产处置包括固定资产的出售、报废、毁损、对外投资、非货币性资产交换、债务重组等。处置固定资产应通过"固定资产清理"科目核算。

（一）固定资产转入清理

借：固定资产清理

　　累计折旧（已计提的累计折旧）

　　固定资产减值准备

　　贷：固定资产（原值）

（二）发生清理费用时

借：固定资产清理

　　应交税费——应交增值税（进项税额）

　　贷：银行存款

（三）收到变价收入、残料入库或保险赔偿时

借：银行存款（变价收入）

　　原材料（残料入库）

　　其他应收款（保险赔偿或个人赔偿）

　　贷：固定资产清理

　　　　应交税费——应交增值税（销项税额）

（四）结转清理净损益的处理

依据固定资产处置方式的不同，分别适用不同的处理方法：

1. 因固定资产已丧失使用功能或因自然灾害发生毁损等原因而报废清理产生的利得或损失应计入营业外收支。

（1）如为净损失

借：营业外支出——非常损失（自然灾害等非正常原因）

　　贷：固定资产清理

借：营业外支出——非流动资产处置损失（正常报废）

　　贷：固定资产清理

（2）如为净收益

借：固定资产清理

　　贷：营业外收入——非流动资产处置利得

2. 因出售、转让等原因产生的固定资产处置利得或损失应计入资产处置收益。

借：资产处置损益

　　贷：固定资产清理（或相反分录）

【例题·判断题】企业报废的固定资产清理完毕，应将"固定资产清理"科目的余额转入"资产处置损益"科目。（　　）（2020年）

【答案】×

【解析】企业报废的固定资产清理完毕，应将"固定资产清理"科目的余额转入"营业外支出"或"营业外收入"科目。

第四章

六、固定资产清查（★★）

固定资产的清查具体内容如表4-12所示。

表4-12　固定资产的盘点

类别	盘盈	盘亏
批准前	借：固定资产（重置成本） 　　贷：以前年度损益调整 借：以前年度损益调整 　　贷：应交税费——应交所得税	借：待处理财产损溢 　　固定资产减值准备 　　累计折旧 　　贷：固定资产 　　　应交税费——应交增值税（进项税额转出）
批准后	借：以前年度损益调整 　　贷：盈余公积 　　　利润分配——未分配利润	借：其他应收款（可收回的保险赔偿或过失人赔偿） 　　营业外支出——盘亏损失 　　贷：待处理财产损溢

拿分要点

1. 不论是何种原因造成的固定资产盘亏，净损失均计入当期营业外支出。

2. 资产清查中只有实物资产需要盘点：现金、存货、固定资产。

3. 固定资产的三个特点：（1）初始购入时，安装需要特殊科目"在建工程"；（2）盘点时，盘盈需要特殊科目"以前年度损益调整"；（3）处置时需要特殊科目"固定资产清理"。

【例题·单选题】下列各项中，企业通过"待处理财产损溢"科目核算的业务是（　　）。（2020年）

A. 固定资产报废　　　B. 固定资产减值

C. 固定资产盘盈　　　D. 固定资产盘亏

【答案】D

【解析】选项A通过"固定资产清理"科目进行核算；选项B通过"资产减值损失"科目进行核算；选项C通过"以前年度损益调整"科目进行核算，选项A、B、C均错误。

七、固定资产的减值（★★）

固定资产在资产负债表日存在可能发生减值的迹象时，其可收回金额低于账面价值的，企业应当将该固定资产的账面价值减记至可收回金额，减记的金额确认为减值损失，计入当期损益，同时计提相应的资产减值准备。

借：资产减值损失——固定资产减值损失

　　贷：固定资产减值准备

固定资产减值损失一经确认，在以后会计期间不得转回。

八、使用权资产的账务处理（★）（2022新增）

使用权资产，是指承租人在租赁期内使用租赁资产的权利。使用权资产的账务处理如表4-13所示。

表4-13　使用权资产的账务处理

核算范围	承租人除采用简化处理的短期租赁和低价值资产租赁外的所有租赁业务 短期租赁是指在租赁期开始日，租赁期不超过12个月的租赁
初始计量	借：使用权资产 　　租赁负债——未确认融资费用（差额） 　　贷：租赁负债——租赁付款额 　　　　银行存款（初始直接费用等） 使用权资产＝租赁付款额现值－租赁激励＋初始直接费用＋拆卸、移除、复原等成本
折旧和减值	承租人参照固定资产有关折旧规定，对使用权资产计提折旧 1. 能合理确定租赁期届满时取得租赁资产所有权的，应当在租赁资产剩余使用寿命内计提折旧 2. 无法合理确定租赁期届满时能够取得租赁资产所有权的，应当在租赁期与租赁资产剩余使用寿命两者孰短的期间内计提折旧 借：管理费用等 　　贷：使用权资产累计折旧 承租人应当确定使用权资产是否发生减值
利息费用	借：财务费用等（租赁负债×利率） 　　贷：租赁负债——未确认融资费用
行使购买权	借：固定资产 　　使用权资产累计折旧 　　租赁负债——租赁付款额 　　贷：使用权资产 　　　　租赁负债——未确认融资费用 　　　　银行存款

 扫一扫"码"上练题

　　打开微信扫一扫，关注公众号，点击"会计考试GO"小程序，即可线上练题。下载安装"会计学堂"APP，体验更多课程，参与万人模考，助您顺利通关。

扫码听课

第四节 生产性生物资产

提示：本节为教材2022新增内容。

一、生产性生物资产的确认与计量（★）

生产性生物资产的确认与计量如表4-14所示。

表4-14　生产性生物资产的确认与计量

概念		为产出农产品、提供劳务或出租等目的而持有的生物资产，包括经济林、薪炭林、产畜和役畜等
计量	外购	包括购买价款、相关税费、运输费、保险费以及可直接归属于购买该资产的其他支出
	自行营造的林木类	包括达到预定生产经营目的前发生的造林费、抚育费、营林设施费、良种试验费、调查设计费和应分摊的间接费用等必要支出
	自行繁殖的产畜和役畜	包括达到预定生产经营目的（成龄）前发生的饲料费、人工费和应分摊的间接费用等必要支出
		因择伐、间伐或抚育更新性质采伐而补植林木类生物资产发生的后续支出，应当计入林木类生物资产的成本 生物资产在郁闭或达到预定生产经营目的后发生的管护、饲养费用等后续支出，应当计入当期损益

二、生产性生物资产的账务处理（★）

（一）生产性生物资产增加的账务处理

生产性生物资产增加的账务处理如表4-15所示。

表4-15　生产性生物资产增加的账务处理

外购	借：生产性生物资产
自行营造的林木类	应交税费——应交增值税（进项税额） 　贷：银行存款/原材料/应付职工薪酬等
自行繁殖的产畜和役畜	【躲坑要点】生产性生物资产的成本见表4-14"生产性生物资产的确认与计量"
未成熟生产性生物资产达到预定生产经营目的时	借：生产性生物资产——成熟生产性生物资产 　贷：生产性生物资产——未成熟生产性生物资产

（续上表）

育肥畜转为产畜或役畜	借：生产性生物资产 　　贷：消耗性生物资产 【躲坑要点】产畜或役畜淘汰转为育肥畜 借：消耗性生物资产 　　生产性生物资产累计折旧 　　贷：生产性生物资产
择伐、间伐或抚育更新等生产性采伐而补植林木类生产性生物资产发生的后续支出	借：生产性生物资产——未成熟生产性生物资产 　　贷：银行存款 【躲坑要点】生产性生物资产发生的管护、饲养费用等后续支出 借：管理费用 　　贷：银行存款

（二）生产性生物资产的其他账务处理

表4-16　生产性生物资产的其他账务处理

折旧	折旧方法：年限平均法、工作量法、产量法等 折旧范围：应当按期计提折旧
减值	有确凿证据表明由于遭受自然灾害、病虫害、动物疫病侵袭或市场需求变化等原因发生减值 可收回金额＜账面价值时，计提生产性生物资产减值准备 生产性生物资产减值准备一经计提，不得转回
成本结转	生产性生物资产收获的农产品成本，按照产出或采收过程中发生的材料费、人工费和应分摊的间接费用等必要支出计算确定，并采用加权平均法、个别计价法、蓄积量比例法、轮伐期年限法等方法，将其账面价值结转为农产品成本
后续计量的公允价值	生物资产通常按照成本计量，但有确凿证据表明其公允价值能够持续可靠取得的除外。采用公允价值计量的生物资产，应当同时满足下列两个条件： 1. 生物资产有活跃的交易市场 2. 能够从交易市场上取得同类或类似生物资产的市场价格及其他相关信息，从而对生物资产的公允价值作出合理估计

　　　扫一扫"码"上练题

　　打开微信扫一扫，关注公众号，点击"会计考试GO"小程序，即可线上练题。下载安装"会计学堂"APP，体验更多课程，参与万人模考，助您顺利通关。

第五节 无形资产和长期待摊费用

扫码听课

一、无形资产（★★）

（一）无形资产概述

无形资产是指企业拥有或者控制的没有实物形态的可辨认非货币性资产。无形资产的特点：

1．具有资产基本特征；

2．不具有实物形态；

3．具有可辨认性；

4．非货币性长期资产。（商誉不属于无形资产）

无形资产的内容：专利权、非专利技术、商标权、著作权、特许权、土地使用权等。

（二）无形资产的账务处理

1．无形资产的取得

无形资产的取得及其账务处理如表4-17所示。

表4-17 无形资产的取得及其账务处理

外购的无形资产	借：无形资产（购买价款＋相关税费＋直接归属于使该项资产达到预定用途所发生的其他支出） 应交税费——应交增值税（进项税额） 贷：银行存款 【拿分要点】外购无形资产的入账金额中不包括无形资产的技术推广费用和广告费等	
自行研发的无形资产	流程	企业内部研究开发项目所发生的支出：研究阶段支出、开发阶段支出 1．研究阶段→研发支出——费用化支出→期末计入"管理费用" 2．开发阶段——不满足资本化条件→研发支出——费用化支出→（管理费用） ——满足资本化条件→研发支出——资本化支出→无形资产（满足确认条件时）
	账务处理	1．企业自行开发无形资产发生研发支出（研究阶段或开发阶段）： 借：研发支出——费用化支出（不满足资本化条件） ——资本化支出（满足资本化条件） 贷：原材料 银行存款 应付职工薪酬 2．期（月）末，不满足资本化条件的支出： 借：管理费用 贷：研发支出——费用化支出 3．满足资本化条件的研究开发项目达到预定用途形成无形资产的： 借：无形资产 贷：研发支出——资本化支出

（续上表）

【拿分要点】1. 如果无法可靠区分研究阶段的支出和开发阶段的支出，应将其发生的研发支出全部费用化，计入当期损益

2. 期末符合资本化条件的"研发支出——资本化支出"未达到预定用途，应将金额列报在资产负债表的"开发支出"项目

2. 无形资产的摊销

无形资产的摊销、减值及其账务处理如表4-18所示。

表4-18　无形资产的摊销、减值及其账务处理

无形资产的摊销	企业应当于取得无形资产时分析判断其使用寿命： 1. 使用寿命有限的无形资产应进行摊销——应当自可供使用（即其达到预定用途）当月起开始摊销，处置当月不再摊销 2. 使用寿命不确定的无形资产不应摊销
摊销的账务处理	无形资产摊销方法包括直线法、生产总量法等。无法可靠确定预期消耗方式的，应当采用直线法摊销，并按月对无形资产进行摊销。无形资产的摊销额一般应当计入当期损益，并计入"累计摊销"科目 借：管理费用（管理用） 　　其他业务成本（出租） 　　制造费用（用于生产产品） 　　销售费用（销售部门使用的） 　　贷：累计摊销
无形资产的减值	在资产负债表日，其可收回金额低于账面价值的，企业应当将该无形资产的账面价值减记至可收回金额，减记的金额确认为减值损失，计入当期损益，同时计提相应的资产减值准备 借：资产减值损失 　　贷：无形资产减值准备 无形资产减值损失一经确认，在以后会计期间不得转回

【拿分要点】当月增加的无形资产当月开始摊销，当月减少的无形资产当月停止摊销（与固定资产相反）

3. 出售和报废无形资产

企业出售无形资产，应当将取得的价款扣除该无形资产账面价值以及出售相关税费后的差额作为资产处置损益进行会计处理。

借：银行存款
　　累计摊销
　　无形资产减值准备
　　贷：无形资产
　　　　应交税费——应交增值税（销项

税额）
　　　　资产处置损益（可能在借方）

如果无形资产预期不能为企业带来未来经济利益，例如，某项无形资产已被其他新技术所替代或超过法律保护期，该资产不再符合无形资产的定义，企业应将其报废并予以转销，其账面价值转入当期损益。

企业报废并转销无形资产时：

借：累计摊销

無形資産減値準備

営業外支出（差額）

貸：無形資産（账面余额）

【例題·单选題】甲公司为增值税一般纳税人，现将一项专利权转让给乙公司，开具的增值税专用发票上注明的价款为40万元，增值税税额为2.4万元。该专利权成本为30万元，已累计摊销15万元。不考虑其他因素，转让该项专利权应确认的处置净损益为（　　）万元。（2020年）

A. 25　　　　B. 27.4

C. 10　　　　D. 12.4

【答案】A

【解析】转让该项专利权的账务处理为：

借：银行存款等　　42.4

累计摊销　　15

贷：无形资产　　30

应交税费——应交增值税（销项税额）　　2.4

资产处置损益　　25

二、长期待摊费用（★）

长期待摊费用是指企业已经发生但应由本期和以后各期负担的分摊期限在一年以上的各项费用，如以租赁方式租入的使用权资产发生的改良支出等。企业应通过"长期待摊费用"科目，核算长期待摊费用的发生、摊销和结存等情况。

借：长期待摊费用

应交税费——应交增值税（进项税额）

贷：原材料／银行存款等

拿分要点

摊销长期待摊费用，借记"管理费用""销售费用"等科目，贷记"长期待摊费用"。

扫一扫"码"上练题

打开微信扫一扫，关注公众号，点击"会计考试GO"小程序，即可线上练题。下载安装"会计学堂"APP，体验更多课程，参与万人模考，助您顺利通关。

基础阶段，建议考生结合视频课程进行学习，消化重难点。

后续可配套《习题精编》进行练习。

短期借款的核算，如表5-1所示。

表5-1 短期借款的核算

概念	指企业向银行或其他金融机构等借入的期限在一年以下（含一年）的各种款项。一般是企业为了满足正常生产经营所需的资金或者是为了抵偿某项债务而借入的。短期借款，具有借款金额小、时间短、利息低等特点，对企业资产的流动性要求高
账务处理	1. 借入短期借款： 借：银行存款 　　贷：短期借款 2. 计提利息（预提）： 借：财务费用 　　贷：应付利息 3. 归还本息： 借：短期借款 　　应付利息（已经计提但未支付的利息） 　　财务费用（还款当期直接支付的利息） 　　贷：银行存款

【拿分要点】1. 筹建期间非资本化的部分计入"管理费用"科目

2. 如果企业的短期借款利息按月支付，或者在借款到期时连同本金一起归还，数额不大的可以不采用预提的方法，而在实际支付时，直接计入当期损益，借记"财务费用"科目，贷记"银行存款"科目

第二节 应付及预收账款

一、应付票据（★★）

应付票据的核算，如表5-2所示。

表5-2　应付票据的核算

概念	应付票据是企业购买材料、商品和接受服务等而开出、承兑的商业汇票，包括银行承兑汇票和商业承兑汇票。我国商业汇票的付款期限不超过6个月 【拿分要点】1. 企业应当设置"应付票据备查簿"，登记票据的出票相关信息 2. 应付票据作为流动负债核算
账务处理	1. 采购货物、接受劳务等开出商业汇票： 借：材料采购/原材料/库存商品 　　　应交税费——应交增值税（进项税额） 　　贷：应付票据 2. 支付银行承兑汇票的手续费： 借：财务费用 　　贷：银行存款等 3. 到期支付票款： 借：应付票据 　　贷：银行存款
应付票据转销	1. 应付商业承兑汇票到期，如企业无力支付票款： 借：应付票据 　　贷：应付账款 2. 应付银行承兑汇票到期，如企业无力支付票款： 借：应付票据 　　贷：短期借款
【拿分要点】应付票据到期无力支付时，转入的会计科目切记不包括"其他应付款"科目	

【例题·判断题】企业向供货单位采购原材料支付货款开出的银行承兑汇票，应通过"应付账款"科目核算。（　　）（2021年）

【答案】×

【解析】企业向外单位开出的银行承兑汇票，通过"应付票据"科目核算。

二、应付账款（★★）

应付账款的核算，如表5-3所示。

表5-3　应付账款的核算

概念	应付账款是指企业因购买材料、商品或接受服务等经营活动而应付给供应单位的款项。包括：1. 购买材料、商品等物资应支付的价款；2. 购入材料、商品等物资应支付的增值税进项税额；3. 接受服务安装应支付的服务费、增值税进项税额；4. 销售方代垫的运杂费等（与应收账款中代客户垫付的运杂费对应记忆）
账务处理	1. 发生应付账款： 借：原材料、库存商品、材料采购、在途物资等 　　应交税费——应交增值税（进项税额） 　　贷：应付账款 2. 偿还应付账款／票据抵付： 借：应付账款 　　贷：银行存款／应付票据 3. 确实无法偿付及无须支付（转销）： 借：应付账款 　　贷：营业外收入

【拿分要点】需要关注应付账款中是否考虑增值税的情况，应付账款的入账价值包含增值税进项税额

【例题·多选题】企业发生赊购商品业务，下列各项中影响应付账款入账金额的有（　　）。

A. 商品价款

B. 增值税进项税额

C. 销货方代垫的保险费

D. 销货方代垫运杂费

【答案】ABCD

【解析】应付账款的入账价值包括商品价款、增值税进项税额和销售方代垫的相关费用。

三、预收账款（★★）

预收账款的核算，如表5-4所示。

表5-4　预收账款的核算

概念	预收账款是指企业按照合同规定预收的款项
账务处理	1. 取得预收款项时： 借：银行存款 　　贷：预收账款 　　　　应交税费——应交增值税（销项税额）

（续上表）

账务处理	2. 分期确认有关收入时：
	借：预收账款
	    贷：主营业务收入（其他业务收入）
	3. 收到客户补付的款项：
	借：银行存款
	    贷：预收账款
	        应交税费——应交增值税（销项税额）
	4. 向客户退回其多付的款项：
	借：预收账款
	    贷：银行存款

【拿分要点】预收货款业务不多的企业，可以不单独设置"预收账款"科目，直接将预收的款项计入"应收账款"科目的贷方

四、合同负债（★）

合同负债是指企业已收或应收客户对价而应向客户转让商品的义务。具体账务处理参见本书第七章内容。

五、应付利息和应付股利

（一）应付利息（★★）

应付利息是指企业按照合同约定应支付的利息，包括预提短期借款利息、分期付息到期还本的长期借款、企业债券等应支付的利息。

1. 计提：

借：财务费用、在建工程、研发支出等
    贷：应付利息

2. 实际支付：

借：应付利息
    贷：银行存款等

（二）应付股利（★）

应付股利的核算，如表5-5所示。

表5-5　应付股利的核算

概念	应付股利是指企业根据股东大会或类似机构审议批准的利润分配方案，确定分配给投资者的现金股利或利润

账务处理	1. 根据股东大会或类似机构审议批准的利润分配方案，确认应付给投资者现金股利或利润时：
	借：利润分配——应付现金股利或利润
	    贷：应付股利
	2. 向投资者实际支付现金股利或利润时：
	借：应付股利
	    贷：银行存款

（续上表）

【拿分要点】1. 企业董事会或类似机构通过的利润分配方案中拟分配的现金股利或利润，不做账务处理，但应在报表附注中披露

2. 企业分配的股票股利，借记"利润分配"科目，贷记"股本"科目，不通过"应付股利"科目核算

六、其他应付款（★★）

其他应付款是指企业除应付票据、应付账款、预收账款、应付职工薪酬、应交税费、应付利息、应付股利等经营活动以外的其他各项应付、暂收的款项，如应付短期租赁固定资产的租金、应付低价值资产租赁的租金、租入包装物租金、出租或出借包装物向客户收取的押金、存入保证金等。

企业发生其他各种应付、暂收款项时，借记"管理费用"等科目，贷记"其他应付款"科目。

拿分要点

1. 存出投资款计入"其他货币资金"科目，存入保证金计入"其他应付款"科目。

2. 支付的各种押金，计入"其他应收款"科目，收到的各种押金，计入"其他应付款"科目；支付的各种资产的租金，计入"成本、费用"等科目，收到的各种资产的租金，计入"其他业务收入"科目。

【例题·单选题】下列各项中，应通过"其他应付款"科目核算的是（　　）。（2020年）

A. 应付存入保证金

B. 应付供货单位货款

C. 应付职工防暑降温费

D. 应付股东现金股利

【答案】A

【解析】"其他应付款"科目核算的主要内容有：应付短期租赁固定资产租金、租入包装物租金、存入保证金（选项A正确）等。选项B通过"应付账款"科目核算；选项C通过"应付职工薪酬"科目核算；选项D通过"应付股利"科目核算。

扫一扫"码"上练题

打开微信扫一扫，关注公众号，点击"会计考试GO"小程序，即可线上练题。下载安装"会计学堂"APP，体验更多课程，参与万人模考，助您顺利通关。

基础阶段，建议考生结合视频课程进行学习，消化重难点。

后续可配套《习题精编》进行练习。

第三节 应付职工薪酬

一、职工薪酬的内容（★）

职工薪酬，是指企业为获得职工提供的服务或解除劳动关系而给予的各种形式的报酬或补偿。职工薪酬的内容包括以下几个方面，如图5-1所示。

图5-1 职工薪酬包括的内容

 拿分要点

1. 企业提供给职工配偶、子女、受赡养人、已故员工遗属及其他受益人的福利，也属于职工薪酬。

2. 职工福利费包括企业向职工提供生活困难补助、丧葬补助、抚恤费、职工异地安家费、防暑降温费等以及按照国家规定开支的其他职工福利支出。

3. 短期薪酬包括职工工资、奖金、津贴和补贴，职工福利费，医疗保险费、工伤保险费等社会保险费，住房公积金，工会经费和职工教育经费，短期带薪缺勤，短期利润分享计划，其他短期薪酬等；不包括养老保险、失业保险。

4. 其他长期职工福利包括长期带薪缺勤、长期残疾福利、长期利润分享计划等。

二、应付职工薪酬的账务处理（★★★）

（一）货币性职工薪酬

货币性职工薪酬的内容及其账务处理包括以下几方面，如表5-6所示。

表5-6 货币性职工薪酬

短期薪酬	是指企业在职工提供相关服务的年度报告期间结束后12个月内需要全部予以支付的职工薪酬，因解除与职工的劳动关系给予的补偿除外。具体包括： 1. 职工工资、奖金、津贴和补贴 2. 职工福利费：包括向职工提供生活困难补助、丧葬补助，抚恤费、职工异地安家费、防暑降温费等以及按照国家规定开支的其他职工福利支出 3. 医疗保险费、工伤保险费等社会保险费（不包括养老保险和失业保险） 4. 住房公积金 5. 工会经费和职工教育经费。企业按每月全部职工工资总额的2%计提工会经费；按每月工资总额的8%计提职工教育经费 6. 短期带薪缺勤 7. 短期利润分享计划 8. 其他短期薪酬
离职后福利	是指企业为获得职工提供的服务而在职工退休或与企业解除劳动关系后，提供的各种形式的报酬和福利，短期薪酬和辞退福利除外 离职后福利计划分为设定提存计划（养老保险和失业保险）和设定受益计划 设定提存计划是指在向独立的基金缴存固定费用后，企业不再承担进一步支付义务的离职后福利计划。如：养老保险和失业保险 设定受益计划是指除设定提存计划以外的离职后福利计划
辞退福利	是指企业在职工劳动合同到期之前解除与职工的劳动关系，或者为鼓励职工自愿接受裁减而给予职工的补偿。确认辞退福利产生的职工薪酬负债，并计入当期损益，借记"管理费用"科目，贷记"应付职工薪酬-辞退福利"科目
其他长期职工福利	指除短期薪酬、离职后福利、辞退福利之外所有的职工薪酬，包括长期带薪缺勤、长期残疾福利、长期利润分享计划等
账务处理	1. 借：生产成本（生产工人薪酬） 　　　制造费用（车间管理人员薪酬） 　　　合同履约成本 　　　管理费用（行政人员薪酬） 　　　销售费用（专设销售机构人员薪酬） 　　　在建工程（在建工程人员薪酬） 　　　研发支出（研发人员职工薪酬） 　　　贷：应付职工薪酬——工资 　　　　　　　　——职工福利费 　　　　　　　　——工会经费 　　　　　　　　——职工教育经费 　　　　　　　　——社会保险费（公司承担部分） 　　　　　　　　——住房公积金（公司承担部分）

（续上表）

账务处理	2. 实际发放： 借：应付职工薪酬——工资 　　贷：银行存款等（工资表中实发工资） 　　　　应交税费——应交个人所得税（代扣代缴的个人所得税） 　　　　其他应收款（企业从职工实发工资中扣除的各种为职工垫付的款项） 　　　　其他应付款——社会保险费（代扣个人应缴纳社保） 　　　　　　　　　——住房公积金（代扣个人应缴纳住房公积金）

（二）短期带薪缺勤

1. 累积带薪缺勤，是指带薪权利可以结转下期的带薪缺勤，本期尚未用完的带薪缺勤权利可以在未来期间使用。

企业应当在职工提供了服务从而增加其未来享有的带薪缺勤权利时：

借：管理费用等

　　贷：应付职工薪酬——带薪缺勤——短期带薪缺勤——累积带薪缺勤

2. 非累积带薪缺勤，是指带薪权利不能结转

下期的带薪缺勤，本期尚未用完的带薪缺勤权利将予以取消，并且职工离开企业时也无权获得现金支付。我国企业职工休婚假、产假、丧假、探亲假、病假期间的工资通常属于非累积带薪缺勤。

企业确认职工享有的与非累积带薪缺勤权利相关的薪酬，视同职工出勤确认的当期损益或相关资产成本，不必额外做相应的账务处理。

（三）非货币性职工薪酬

非货币性职工薪酬的账务处理，如表5-7所示。

表5-7　非货币性职工薪酬

以自产产品发放给职工作为福利	内容	按照该产品的公允价值+增值税销项税额计入相关资产成本或当期损益
	账务处理（三步法）	1. 借：生产成本、管理费用等 　　贷：应付职工薪酬——非货币性福利（含税价） 2. 借：应付职工薪酬——非货币性福利 　　贷：主营业务收入（公允价值） 　　　　应交税费——应交增值税（销项税额） 【拿分要点】税法上视同销售 3. 借：主营业务成本 　　　　存货跌价准备 　　贷：库存商品
自有房屋等资产无偿提供给职工使用	内容	将住房每期应计提的折旧计入相关资产成本或当期损益
	账务处理（两步法）	1. 借：生产成本、管理费用等 　　贷：应付职工薪酬——非货币性福利 2. 借：应付职工薪酬——非货币性福利 　　贷：累计折旧

（续上表）

	内容	将每期应付的租金计入相关资产成本或当期损益
租赁住房等资产供职工无偿使用	账务处理（两步法）	1. 借：生产成本、管理费用等 　　　贷：应付职工薪酬——非货币性福利 2. 借：应付职工薪酬——非货币性福利 　　　贷：银行存款

拿分要点

1. 难以认定受益对象的非货币性福利，直接计入当期损益和应付职工薪酬。

2. 发放给职工自产应税产品的，企业涉及代扣代缴个人所得税。

3. 非货币性福利核算内容包括：

（1）企业以自产产品发放给职工；

（2）企业外购商品发放给职工；

（3）企业为职工无偿提供服务；

（4）企业将自有房屋等资产无偿提供给职工使用；

（5）企业租赁住房等资产供职工无偿使用；

（6）向职工提供企业支付了一定补贴的商品或者服务，比如以低于成本的价格向职工出售住房。

【例题·多选题】下列各项中，关于企业非货币性福利职工薪酬的会计处理表述错误的有（　　）。（2020年）

A. 难以认定受益对象的非货币性福利，应当直接计入当期损益

B. 企业租赁汽车供高级管理人员无偿使用，应当将每期应付的租金计入管理费用

C. 企业以自产产品作为非货币性福利发放给销售人员，应当按照产品的实际成本计入销售费用

D. 企业将自有房屋无偿提供给生产工人使用，应当按照该住房的公允价值计入生产成本

【答案】CD

【解析】企业以自产产品作为非货币性福利发放给销售人员，应当按照该产品的公允价值和增值税销项税额计入销售费用，选项C错误；企业将自有的房屋无偿提供给生产工人使用，应当按照该住房每期应计提的折旧计入生产成本，选项D错误。

三、设定提存计划的核算（★）

对于设定提存计划，企业应当根据在资产负债表日为换取职工在会计期间提供的服务而应向单独主体缴存的提存金，确认为应付职工薪酬，并计入当期损益或相关资产成本。

借：生产成本、制造费用、管理费用、销售费用等

　　贷：应付职工薪酬——设定提存计划

拿分要点

1. 养老保险及失业保险，属于离职后福利。

2. 职工个人储蓄性养老保险，属于职工个人的行为，与企业无关，不属于职工薪酬。

3. 辞退福利的入账不再区分属于哪个部门，直接计入"管理费用"科目。

第四节 应交税费

一、应交税费概述（★）

我国现行征收税费包括：增值税、消费税、城市维护建设税、教育费附加、资源税、企业所得税、城镇土地使用税、土地增值税、房产税、车船税、印花税、耕地占用税、环境保护税、契税、车辆购置税等。

企业设置"应交税费"科目核算各种税费。

拿分要点

不通过"应交税费"核算的税种：契税、车辆购置税、印花税、耕地占用税。

二、应交增值税（★★★）

（一）增值税概述

增值税的相关内容，如表5-8所示。

表5-8　增值税概述

概念	以商品（含应税劳务、应税行为）在流转过程中实现的增值额作为计税依据而征收的一种流转税
征税范围	1. 境内销售货物 2. 应税劳务：提供加工修理修配劳务 3. 应税服务：交通运输、邮政、电信、金融、现代、生活、建筑服务 4. 应税行为：销售无形资产和不动产 5. 进口货物
纳税人	在我国境内销售货物、加工修理修配劳务、服务、无形资产和不动产以及进口货物的企业、单位和个人为增值税的纳税人 根据经营规模大小及会计核算水平的健全程度，增值税纳税人分为一般纳税人和小规模纳税人
税率和征收率	1. 基本税率13%：销售货物、劳务、有形动产租赁服务或者进口货物 2. 9%：交通运输、邮政、基础电信、建筑、不动产租赁服务，销售不动产、转让土地使用权；销售或者进口粮食、食用植物油、自来水、暖气、冷气、热水、煤气、石油液化气、天然气、沼气、居民用煤炭制品、图书、报纸、杂志、饲料、化肥、农药、农机、农膜以及国务院及其有关部门规定的其他货物 3. 6%：增值电信服务、金融服务、现代服务、生活服务、转让土地使用权以外的无形资产 4. 5%：简易办法计税的销售不动产、不动产经营租赁 5. 3%：简易办法计税的除5%以外的情况，小规模征收率 6. 零税率

（续上表）

应纳税额计算	1. 一般计税方法：当期应纳税额＝当期销项税额－当期进项税额 （1）销项税额＝销售额×增值税税率 （2）"当期进项税额"是指纳税人当期购进货物，接受加工修理修配劳务、服务、无形资产或不动产所支付或承担的增值税税额，包括：增值税专用发票、海关进口增值税专用缴款书上注明的增值税税额，按照农产品收购发票或者销售发票上注明的农产品买价和9%的扣除率计算的进项税额，从境外购进服务、无形资产或者不动产取得的解缴税款的完税凭证上注明的增值税税额，支付的通行费按规定的方法计算的可抵扣的增值税进项税额 【拿分要点】1. 购进农产品的企业如果将其用于生产税率是9%的产品，按照9%的扣除率计算进项税；如果用于生产税率是13%的产品，按照10%的扣除率计算进项税 2. 当期销项税额小于当期进项税额不足抵扣时，其不足部分可以结转下期继续抵扣 2. 简易计税方法：按照销售额和征收率的乘积计算应纳税额。计算公式： 应纳税额＝销售额×征收率 【拿分要点】1. 增值税一般纳税人大多采用一般计税方法。小规模纳税人一般采用简易计税方法 2. 一般纳税人发生财政部和国家税务总局规定的特定应税销售行为，也可以选择简易计税方法计税，但是不得抵扣进项税额

（二）一般纳税人的账务处理

1. 增值税核算应设置的会计科目及科目设置如图5-2所示。

（1）"应交税费——应交增值税"的明细账设置了进项税额、销项税额抵减、已交税金、转出未交增值税、减免税款、出口抵减内销产品应纳税额、销项税额、出口退税、进项税额转出九个专栏。

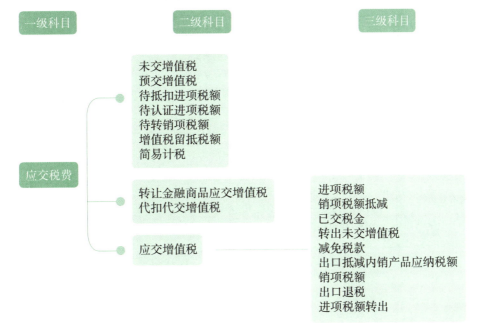

图5-2 应交税费科目设置

（2）应交税费——未交增值税：核算一般纳税人月度终了从"应交增值税"或"预交增值税"明细科目转入当月应交未交、多交或预交的增值税额，以及当月交纳以前期间未交的增值税额。

（3）应交税费——预交增值税：核算一般纳税人转让不动产、提供不动产经营租赁服务、提供建筑服务、采用预收款方式销售自行开发的房地产项目等，按现行增值税制度规定应预交的增值税额。

（4）应交税费——待抵扣进项税额：核算一般纳税人已取得增值税扣税凭证并经税务机关认证，按照现行增值税制度规定准予以后期间从销项税额中抵扣的进项税额。

（5）应交税费——待认证进项税额：核算一般纳税人由于未经税务机关认证而不得从当期销项税额中抵扣的进项税额。包括：一般纳税人已取得增值税扣税凭证、按照现行增值税制度规定准予从销项税额中抵扣，但尚未经税务机关认证

的进项税额；一般纳税人已申请稽核但尚未取得稽核相符结果的海关缴款书进项税额。

（6）应交税费——待转销项税额：核算一般纳税人销售货物、加工修理修配劳务、服务、无形资产或不动产，已确认相关收入（或利得）但尚未发生增值税纳税义务而需于以后期间确认为销项税额的增值税额。

（7）应交税费——简易计税：核算一般纳税人采用简易计税方法发生的增值税计提、扣减、预缴、缴纳等业务。

（8）应交税费——转让金融商品应交增值税：核算增值税纳税人转让金融商品发生的增值税额。

（9）应交税费——代扣代交增值税：核算纳税人购进在境内未设经营机构的境外单位或个人在境内的应税行为代扣代缴的增值税。

2．取得资产、接受劳务或服务，如表5-9所示。

第五章

表5-9　取得资产、接受劳务或服务

正常采购业务	借：在途物资、原材料、库存商品、生产成本、无形资产、固定资产、管理费用等 　　应交税费——应交增值税（进项税额） 　贷：应付账款、应付票据、银行存款等 【拿分要点】购进货物等发生的退货，应根据税务机关开具的红字增值税专用发票编制相反的会计分录
购入不动产或 不动产在建工程	一般纳税人取得相关增值税专用发票并通过税务机关认证时，应按照增值税专用发票上注明的增值税进项税额当期一次性进行抵扣 借：固定资产、在建工程等 　　应交税费——应交增值税（进项税额） 　贷：应付账款、应付票据、银行存款等

（续上表）

进项税额转出	第一种情况：已单独确认进项税额的购进货物，加工修理修配劳务或者服务、无形资产或者不动产，但其事后改变用途（如用于简易计税方法计税项目、免征增值税项目、非增值税应税项目等）或发生非正常损失的 借：待处理财产损溢 　　　应付职工薪酬 　　　固定资产 　　　无形资产 　　　贷：应交税费——应交增值税（进项税额转出） 　　　　　应交税费——待抵扣进项税额 　　　　　应交税费——待认证进项税额 【拿分要点】属于转作待处理财产损失的进项税额，应与非正常损失的购进货物、在产品或库存商品、固定资产和无形资产的成本一并处理 第二种情况：用于简易计税方法计税项目、免征增值税项目、集体福利或个人消费等购进的货物，即使取得增值税专用发票上已注明增值税进项税额，按照现行增值税制度规定也不得从销项税额中抵扣 1. 取得该类业务相关的增值税专用发票时： 借：原材料、库存商品、无形资产、固定资产等 　　　应交税费——待认证进项税额 　　　贷：应付账款、应付票据、银行存款等 2. 经税务部门认证为不能抵扣进项税额时： 借：应交税费——应交增值税（进项税额） 　　　贷：应交税费——待认证进项税额 3. 同时将购买商品的增值税计入相关成本费用中： 借：原材料、库存商品、无形资产、固定资产等 　　　贷：应交税费——应交增值税（进项税额转出）

3. 销售等业务的账务处理，如表5-10所示。

表5-10　销售等业务的账务处理

正常的销售业务	企业销售货物、加工修理修配劳务、服务、无形资产或不动产时： 借：应收账款、应收票据、银行存款等 　　　贷：主营业务收入 　　　　　其他业务收入 　　　　　应交税费——应交增值税（销项税额）等 【拿分要点】发生销售退回时，应根据税务机关开具的红字增值税专用发票编制相反的会计分录

（续上表）

收入确认与纳税义务不同步	确认收入或利得时点早于增值税纳税义务发生时点的： 第一步：确认收入，增值税待转 借：应收账款、应收票据、银行存款 　　贷：主营业务收入 　　　　其他业务收入 　　　　应交税费——待转销项税额 第二步：实际发生纳税义务时 借：应交税费——待转销项税额 　　贷：应交税费——应交增值税（销项税额）	
视同销售	自产或委托加工的货物用于集体福利或个人消费	借：应付职工薪酬（含税价） 　　贷：主营业务收入 　　　　应交税费——应交增值税（销项税额） 同时： 借：主营业务成本 　　贷：库存商品 同时： 借：管理费用、销售费用、生产成本等 　　贷：应付职工薪酬（含税价）
	自产、委托加工或购买的货物用于投资、分配给股东或投资者	借：长期股权投资（含税价） 　　利润分配（含税价） 　　贷：主营业务收入 　　　　应交税费——应交增值税（销项税额） 同时： 借：主营业务成本 　　贷：库存商品
	自产、委托加工或购买的货物用于无偿赠送他人	借：营业外支出 　　贷：库存商品（成本价） 　　　　应交税费——应交增值税（销项税额）（公允的市场价×税率）

4. 交纳增值税。

（1）交纳当月的增值税

借：应交税费——应交增值税（已交税金）

　　贷：银行存款

（2）交纳以前期间未交的增值税

借：应交税费——未交增值税

　　贷：银行存款

5. 月末转出多交增值税和未交增值税。

（1）针对当月应交未交的增值税

借：应交税费——应交增值税（转出未交增值税）

　　贷：应交税费——未交增值税

（2）针对当月多交的增值税处理

借：应交税费——未交增值税

　　贷：应交税费——应交增值税（转出多交增值税）

> 增值税为价外税，缴纳增值税不影响企业的当期损益。

（三）小规模纳税人的账务处理

小规模纳税人核算增值税采用简化的方法，即购进货物、应税劳务或应税行为支付的增值税，一律不予抵扣。

销售货物、提供应税劳务或应税行为时，按照不含税的销售额和规定的增值税征收率计算应交纳的增值税。

不含税销售额＝含税销售额÷（1＋征收率）

应纳税额＝不含税销售额×征收率

小规模纳税人设置"应交税费——应交增值税"科目。

（四）差额征税的账务处理

差额征税的账务处理，如表5-11所示。

表5-11　差额征税的账务处理

差额征税的使用范围	金融商品转让、经纪代理服务、融资租赁和融资性售后回租业务、一般纳税人提供客运场站服务、试点纳税人提供旅游服务、选择简易计税方法提供建筑服务等
成本费用允许扣减销售额的情况下的账务处理	1. 发生相关成本费用允许扣减销售额，在成本费用发生时，按照应付或实际支付的金额： 借：主营业务成本 　　贷：应付账款／应付票据／银行存款等科目 2. 取得合规增值税扣税凭证且纳税义务发生时： 借：应交税费——应交增值税（销项税额抵减）／应交税费——简易计税（小规模纳税人应借记"应交税费——应交增值税"） 　　贷：主营业务成本等
转让金融商品按照盈亏相抵后的余额作为销售额的账务处理	1. 处置金融资产的投资收益作为含税销售额缴纳金融服务的增值税： 借：投资收益［投资收益净额÷（1＋6%）×6%］ 　　贷：应交税费——转让金融商品应交增值税 2. 如果处置金融资产亏损，则按可结转下月可抵扣税额做分录： 借：应交税费——转让金融商品应交增值税 　　贷：投资收益［投资收益净额÷（1＋6%）×6%］ 3. 如果年度末处置金融资产的亏损还没有被弥补回来，不能将该金融资产损失的可抵扣税额结转到下一年度： 借：投资收益 　　贷：应交税费——转让金融商品应交增值税（年末借方余额） 【躲坑要点】年末，如果"应交税费——转让金融商品应交增值税"科目的借方有余额，说明本年度的金融商品转让损失没有弥补回来，必须在年末将其损失的可抵扣税额冲抵回来，冲抵后"应交税费——转让金融商品应交增值税"科目借方年末无余额
【躲坑要点】为什么会有差额征税政策？根本原因是增值税是"增值"的税，如果成本部分不能取得进项税额，那就成了全额缴纳增值税，而不是"增值"税。对于企业发生的某些业务无法通过抵扣机制避免重复征税的，应采用差额征税方式计算缴纳增值税	

（五）增值税税控系统专用设备和技术维护费用抵减增值税额的账务处理（政府补助行为）

增值税税控系统专用设备和技术维护费用抵减增值税额的账务处理，如表5-12所示。

表5-12 增值税税控系统专用设备和技术维护费用抵减增值税额的账务处理

专用设备	增值税税控系统专用设备包括：
	1. 增值税防伪税控系统设备：金税卡、IC卡、读卡器或金税盘和报税盘
	2. 货物运输业增值税专用发票税控系统设备：税控盘和报税盘
	3. 机动车销售统一发票税控系统设备：税控盘和传输盘
	4. 公路、内河货物运输发票税控系统设备：税控盘和传输盘
	【拿分要点】增值税税控系统专用设备不包括打印机
账务处理	1. 初次购入增值税税控系统专用设备时： 借：固定资产 　　管理费用（实务中多数费用化） 　　贷：银行存款、应付账款 按规定抵减的增值税应纳税额： 借：应交税费——应交增值税（减免税款） 　　应交税费——应交增值税（小规模纳税人） 　　贷：管理费用 2. 后期企业发生增值税税控系统专用设备技术维护费时： 借：管理费用 　　贷：银行存款 按规定抵减的增值税应纳税额： 借：应交税费——应交增值税（减免税款） 　　应交税费——应交增值税（小规模纳税人） 　　贷：管理费用

【例题·单选题】下列各项中，不应计入存货成本的是（　　）。

A. 一般纳税人进口原材料支付的关税

B. 一般纳税人购进原材料支付的增值税专用发票注明的增值税

C. 小规模纳税人购进原材料支付的增值税

D. 一般纳税人进口应税消费品支付的消费税

【答案】B

【解析】一般纳税人购进原材料支付的增值税专用发票注明的增值税记入"应交税费——应交增值税（进项税额）"科目的借方，不计入存货成本。

三、应交消费税（★★★）

消费税的概念和账务处理，如表5-13所示。

表5-13 消费税的概念和账务处理

概念	消费税是指在我国境内生产、委托加工和进口应税消费品的单位和个人，按其流转额交纳的一种税
账务处理	1. 账务处理通过"税金及附加"科目核算 借：税金及附加 贷：应交税费——应交消费税 2. 自产自用应税消费品 企业将生产的应税消费品用于在建工程等非生产机构时，按规定应交纳的消费税应转入在建工程项目成本 借：在建工程 贷：库存商品 应交税费——应交消费税 3. 委托加工应税消费品 企业如有应交消费税的委托加工物资，一般应由受托方代收代缴税款 （1）收回后直接销售：计入委托加工物资成本 借：委托加工物资 贷：应付账款/银行存款 （2）收回后继续加工应税消费品：记入"应交税费——应交消费税"科目的借方 借：应交税费——应交消费税 贷：应付账款 4. 进口应税消费品 企业进口应税物资在进口环节应交的消费税，计入该项物资的成本 借：材料采购/固定资产等 贷：银行存款

【例题·多选题】下列各项中，企业应交消费税的相关会计处理表述错误的有（ ）。（2020年）

A．收回委托加工物资直接对外销售，受托方代收代缴的消费税记入"应交税费——应交消费税"科目的借方

B．销售产品应交的消费税记入"税金及附加"科目的借方

C．用于在建工程的自产产品应交纳的消费税记入"税金及附加"科目的借方

D．收回委托加工物资连续生产应税消费品，受托方代收代缴的消费税记入"委托加工物资"科目的借方

【答案】ACD

【解析】选项A计入委托加工物资的成本；选项C计入在建工程项目成本；选项D计入"应交税费——应交消费税"。选项A、C、D均错误。

四、其他应交税费（★★）

其他应交税费包括应交资源税、应交城市维护建设税、应交土地增值税、应交所得税、应交房产税、应交土地使用税、应交车船税、应交教育费附加、应交环境保护税、应交个人所得税等。详见表5-14。

表5-14　其他应交税费

应交资源税	概念	资源税是对在我国境内开采矿产品，或者生产盐的单位和个人征收的税
	账务处理	1. 对外销售矿产品应交纳的资源税分录： 借：税金及附加 　　贷：应交税费——应交资源税 2. 自产自用应税矿产品，应交纳的资源税： 借：生产成本 　　制造费用 　　贷：应交税费——应交资源税
应交城市维护建设税		城市维护建设税是以增值税和消费税为计税依据征收的一种税。税率因纳税人所在地不同，从1%~7%不等 账务处理如下： 借：税金及附加 　　贷：应交税费——应交城市维护建设税 交纳城建税时： 借：应交税费——应交城市维护建设税 　　贷：银行存款 【拿分要点】应纳税额=（实际交纳增值税+实际交纳消费税）×适用税率
应交教育费附加	概念	教育费附加是指为了加快发展地方教育事业、扩大地方教育经费资金来源而向企业征收的附加费用。教育费附加以各单位实际缴纳的增值税、消费税的税额为计税依据，按其一定比例分别与增值税、消费税同时缴纳
	账务处理	借：税金及附加 　　贷：应交税费——应交教育费附加 交纳教育费附加： 借：应交税费——应交教育费附加 　　贷：银行存款
应交土地增值税	概念	土地增值税是对转让国有土地使用权、地上的建筑物及其附着物，并取得增值性收入的单位和个人征收的一种税。土地增值税按照转让房地产所取得的增值额和规定的税率计算征收
	账务处理	1. 土地使用权连同地上建筑物及其附着物，一并在"固定资产"科目核算的企业处置时： 借：固定资产清理 　　贷：应交税费——应交土地增值税 2. 土地使用权在"无形资产"科目核算的企业处置资产时： 借：银行存款 　　累计摊销 　　无形资产减值准备 　　贷：无形资产 　　　　应交税费——应交土地增值税 　　　　资产处置损益（可能在借方）

（续上表）

应交土地增值税	账务处理	3. 房地产开发经营企业销售房地产应交纳的土地增值税： 借：税金及附加 　　贷：应交税费——应交土地增值税 交纳时： 借：应交税费——应交土地增值税 　　贷：银行存款
应交房产税、城镇土地使用税、车船税	概念	1. 房产税是国家对在城市、县城、建制镇和工矿区征收的由产权所有人缴纳的一种税。房产税依照房产原值一次减除10%～30%后的余额计算交纳，税率为1.2%。房屋出租的，以房产租金收入为房产税的计税依据，税率为12%（有可扣除项目） 2. 城镇土地使用税是以城市、县城、建制镇和工矿区范围内，使用土地的单位和个人为纳税人，以其实际占用的土地面积和规定税额计算征收的税 3. 车船税是以车辆、船舶为课税对象，向车船的所有人或管理人征收的一种税
	账务处理	1. 发生上述税种的应税义务时： 借：税金及附加 　　贷：应交税费——应交房产税 　　　　　　——应交城镇土地使用税 　　　　　　——应交车船税 2. 实际缴纳上述税款时： 借：应交税费——应交房产税 　　　　　　——应交城镇土地使用税 　　　　　　——应交车船税 　　贷：银行存款

【拿分要点】契税、车辆购置税、耕地占用税是直接缴纳的税种，不需要通过"应交税费"科目核算，不需要预提的印花税也不通过"应交税费"科目核算

【例题·判断题】房地产开发经营企业销售房地产应缴纳的土地增值税记入"税金及附加"科目。（　　）（2020年）

【答案】√

【解析】房地产开发经营企业销售房地产应缴纳的土地增值税，借记"税金及附加"科目，贷记"应交税费——应交土地增值税"科目。

扫一扫"码"上练题

打开微信扫一扫，关注公众号，点击"会计考试GO"小程序，即可线上练题。下载安装"会计学堂"APP，体验更多课程，参与万人模考，助您顺利通关。

第五节 非流动负债

扫码听课

一、长期借款（★）

表5-15　长期借款的管理

概念	长期借款是指企业向银行或其他金融机构借入的期限在1年以上（不含1年）的各种借款，一般用于固定资产的购建、改扩建工程、大修理工程、对外投资以及为了保持长期经营能力等方面	
长期借款的账务处理	取得长期借款	借：银行存款 　　长期借款——利息调整（差额部分） 贷：长期借款——本金
	发生长期借款利息	借：在建工程（长期借款用于购建固定资产等符合资本化条件的） 　　管理费用（属于筹建期间的） 　　财务费用（属于生产经营期间的） 　　研发支出（自行研发无形资产的） 贷：应付利息（分期付息） 　　长期借款——应计利息（到期一次还本付息）
	归还长期借款	借：长期借款——本金　（归还本金） 　　　　　　　——应计利息（到期一次归还利息） 　　应付利息（分期付息） 贷：银行存款

二、长期应付款（★）

表5-16　长期应付款的管理

概念	长期应付款，是指企业除长期借款和应付债券以外的其他各种长期应付款项，如以分期付款方式购入固定资产发生的应付款项等
账务处理	企业购入资产超过正常信用条件延期付款实质上具有融资性质时： 借：固定资产 / 在建工程（按购买价款的现值） 　　未确认融资费用（差额） 贷：长期应付款（支付的价款总额）

所有者权益的概念，如表6-1所示。

表6-1　所有者权益的概念和来源

概念	所有者权益是指企业资产扣除负债后由所有者享有的剩余权益，通常包括：1. 实收资本（或股本）；2. 其他权益工具（如优先股、永续债等）；3. 资本公积；4. 其他综合收益；5. 留存收益；6. 专项储备（初级会计实务只讲解1、3、5）
来源（2022新增）	所有者权益的来源包括：1. 所有者投入的资本；2. 直接计入所有者权益的利得和损失（指不应计入当期损益、会导致所有者权益发生增减变动的、与所有者投入资本或者向所有者分配利润无关的利得或者损失）；3. 留存收益等

第一节　实收资本或股本

扫码听课

一、实收资本或股本概述（★）

实收资本是指企业按照章程规定或合同、协议约定，接受投资者投入企业的资本。

表6-2　实收资本或股本概述

概念（2022新增）	对股份有限公司而言，实收资本又称为股本，即发起人按照合同或协议约定投入的资本和社会公众在公司发行股票时认购股票缴入的资本，其在金额上等于股份面值和股份总额的乘积。投资者投入企业资本以分享企业经营未来收益为目标，同时承担相应的风险。分担不完全合约下企业未来经营的不确定性。因此，对实收资本或股本进行真实、准确、完整的确认与计量，是保护投资者合法权益的会计基本职责，是建立投资者权益得到充分保护的股票市场和发挥资本市场直接融资功能的基础
出资方式	股东可以用货币出资也可以用实物、知识产权、土地使用权等可以用货币估价并可以依法转让的非货币财产作价出资

（续上表）

增减变动	当实收资本比原注册资金增加或减少超过20%时，应持有资金使用证明或者验资证明，向原登记主管机关申请变更登记
确认与计量 （2022新增）	小企业根据合同规定在合作期间归还投资者的投资，应在本科目设置"已归还投资"明细科目进行核算

二、实收资本或股本的账务处理（★★）

（一）接受现金资产、非现金资产投资

接受现金资产、非现金资产投资的账务处理，如表6-3所示。

表6-3 接受现金资产、非现金资产投资的账务处理

现金资产的投资	非股份有限公司	借：银行存款等 　　贷：实收资本（按投资合同或协议约定在企业注册资本中所占份额的部分） 　　　　资本公积——资本溢价（差额）
	股份有限公司	借：银行存款等 　　贷：股本（按每股股票面值和发行股份总额的乘积计算的金额） 　　　　资本公积——股本溢价（差额） 发行股票发生的手续费、佣金等交易费用，应从溢价中抵扣，冲减资本公积（股本溢价）
非现金资产的投资	固定资产投资	企业接受投资者作价投入的房屋、建筑物、机器设备等固定资产，应按投资合同或协议约定价值（不公允的除外）作为固定资产的入账价值，按投资合同或协议约定的投资者在注册资本或股本中所占份额的部分作为实收资本或股本入账，投资合同或协议约定价值（不公允的除外）超过投资者在注册资本或股本中所占份额的部分，计入资本公积（资本溢价或股本溢价） 借：固定资产（投资合同或协议约定的价值，不公允的除外） 　　应交税费——应交增值税（进项税额） 　　贷：实收资本（或股本） 　　　　资本公积——资本溢价（或者股本溢价）（差额）
	材料物资投资	借：原材料（按投资合同或协议约定的价值，不公允的除外） 　　应交税费——应交增值税（进项税额） 　　贷：实收资本（或股本） 　　　　资本公积——资本溢价（或者股本溢价）（差额）
	无形资产投资	借：无形资产（按合同或协议约定的价值，不公允的除外） 　　应交税费——应交增值税（进项税额） 　　贷：实收资本（或股本） 　　　　资本公积——资本溢价（或股本溢价）（差额）

（二）实收资本或股本的增减变动

增加资本主要三个途径：接受投资者追加投资、资本公积转增资本和盈余公积转增资本。增资账务处理如表6-4所示。（2022新增）

企业减少实收资本应按法定程序报经批准，股份有限公司采用收购本公司股票方式减资的，其账务处理如表6-4所示。

表6-4　实收资本（或股本）的增减变动

实收资本（或股本）的增加	增加资本主要三个途径：接受投资者追加投资、资本公积转增资本和盈余公积转增资本	
	资本公积转增资本	借：资本公积 　　贷：实收资本（或股本）
	盈余公积转增资本	借：盈余公积 　　贷：实收资本（或股本）
	接受投资者追加投资	其核算方法与投资者初次投入时相同
实收资本（或股本）的减少	企业实收资本减少的原因：1. 资本过剩；2. 企业发生重大亏损而减少实收资本；3. 因企业发展需要而调节资本结构。股份有限公司发还投资时，采用收购本公司股票方式减资的，应通过"库存股"科目核算回购股份的金额。账务处理如下：	
	回购本公司股份时	借：库存股 　　贷：银行存款（实际支付的价款）
	减资时（注销股份时）	1. 回购股票支付的价款高于面值总额 借：股本（每股面值×注销股数） 　　资本公积——股本溢价 　　盈余公积 　　利润分配——未分配利润 　　贷：库存股（每股回购价格×注销股数） 先冲减"资本公积——股本溢价"，股本溢价不足冲减的，再冲减盈余公积与未分配利润
		2. 回购股票支付的价款低于面值总额 借：股本（每股面值×注销股数） 　　贷：库存股（每股回购价格×注销股数） 　　　　资本公积——股本溢价（差额）

有限责任公司和小企业发还投资的会计处理比较简单。按法定程序报经批准减少注册资本的，按减少的注册资本金额减少实收资本，借记"实收资本""资本公积"等科目，贷记"库存现金""银行存款"等科目。

拿分要点

1. 库存股一般是指"存在库房里的股票"，也就是处于未发行状态的股票，属于所有者权益的备抵科目，类似折旧是固定资产的备抵科目一样。

2. 库存股作为所有者权益抵减项，列示在所有者权益项目中。

【例题·单选题】甲、乙公司均为增值税一般纳税人，适用的增值税税率为13%，甲公司接受乙公司投入的原材料一批，账面价值为260万元，投资协议约定价值为300万元，假定投资协议约定的价值与公允价值相符，接受投资后甲公司注册资本为1 000万元，乙公司投入的材料在注册资本中享有的份额为20%。甲公司资本公积应增加（ ）万元。

A. 339　　B. 200　　C. 139　　D. 100

【答案】C

【解析】甲公司账务处理如下：

借：原材料　　　　　　　　　　300
　　应交税费——应交增值税（进项税额）　　　　　　　　　　39
　　贷：实收资本　（1 000×20%）200
　　　　资本公积——资本溢价　139

 扫一扫"码"上练题

打开微信扫一扫，关注公众号，点击"会计考试GO"小程序，即可线上练题。下载安装"会计学堂"APP，体验更多课程，参与万人模考，助您顺利通关。

 第六章

基础阶段，建议考生结合视频课程进行学习，消化重难点。

后续可配套《习题精编》进行练习。

扫码听课

第二节 资本公积

一、资本公积概述（★）

资本公积的概念、分类和作用如表6-5所示。

表6-5 资本公积的概念、分类和作用

概念	资本公积：企业收到投资者出资额超出其在注册资本（或股本）中所占份额的部分，以及其他资本公积等 资本公积包括资本溢价（或股本溢价）和其他资本公积	
分类	资本溢价	形成资本溢价（或股本溢价）的原因有溢价发行股票、投资者超额缴入资本等
	其他资本公积	"其他资本公积"涉及的情况相对比较复杂，初级掌握下面三种（2022新增） 1. 企业的长期股权投资采用权益法核算时，因被投资单位除净损益、其他综合收益及利润分配以外的所有者权益的其他变动（主要包括被投资单位接受其他股东的资本投入、被投资单位发行可分离交易的可转债中包含的权益成分、以权益结算的股份支付、其他股东对被投资单位增资导致投资方持股比例变动等），投资企业按应享有份额而增加或减少的资本公积，直接计入投资方所有者权益（资本公积——其他资本公积） 2. 以权益结算的股份支付换取职工或其他方提供服务的，应按照确定的金额，将当期取得的服务计入相关资产成本或当期费用，同时增加资本公积（其他资本公积）。根据国家有关规定企业实行股权激励的，如果在等待期内取消了授予的权益工具，企业应在进行权益工具加速行权处理时，将剩余等待期内应确认的金额计入当期损益，并同时确认资本公积（其他资本公积） 3. 企业集团（由母公司和其全部子公司构成）内发生的股份支付交易，如结算企业为接受服务企业的投资者，应当按照授予日权益工具的公允价值或应承担负债的公允价值确认为对接受服务企业的长期股权投资，同时确认资本公积（其他资本公积）或负债
作用	转增资本 【躲坑要点】资本公积不能用来弥补亏损	

图6-1 资本公积的分类

二、资本公积的账务处理（★★）

（一）资本溢价（或股本溢价）

资本溢价的核算如表6-6所示。

表6-6　资本溢价的核算

资本溢价	除股份有限公司外，在企业创立时，投资者认缴的出资额与注册资本一致，一般不会产生资本溢价。但在企业重组或有新的投资者加入时，常常会出现资本溢价。因为在企业进行正常生产经营后，其资本利润率通常要高于企业初创阶段，另外，企业有内部积累、新投资者加入企业后，对这些积累将来也要分享，所以新加入的投资者往往要付出大于原投资者的出资额，才能取得与原投资者相同的出资比例。投资者多缴的部分计入资本溢价
股本溢价	发行股票相关的手续费、佣金等交易费用： 1. 溢价发行股票的，应从溢价中抵扣，冲减资本公积（股本溢价） 2. 无溢价发行股票或溢价金额不足以抵扣的，应将不足抵扣的部分冲减盈余公积和未分配利润
账务处理	借：银行存款 　　贷：股本／实收资本 　　　　资本公积——股本溢价／资本溢价（差额）
【拿分要点】1. 回购本公司股票回购价低于面值时会形成"资本公积——资本（股本）溢价" 2. 我国股票可按面值发行，也可以溢价发行，但是不准折价发行	

（二）其他资本公积

其他资本公积的核算如表6-7所示。

表6-7　其他资本公积的核算

形成方式	长期股权投资采用权益法核算方式	根据持股比例确认的被投资单位除净损益、其他综合收益和利润分配以外的所有者权益的其他变动，投资企业根据持股比例应享有的份额调整长期股权投资的账面价值和资本公积（其他资本公积）。分录如下： 借：长期股权投资——其他权益变动 　　贷：资本公积——其他资本公积（或做相反的分录）
	权益结算的股份支付（2022新增）	以权益结算的股份支付换取职工或其他方提供服务的，应按照确定的金额，记入"管理费用"科目，同时增加资本公积（其他资本公积）。在职工或其他方行权日时账务处理如下： 借：资本公积——其他资本公积（按实际行权的权益数量计算确定的金额） 　　贷：实收资本（或股本）（按计入实收资本或股本的金额） 　　　　资本公积——资本溢价（股本溢价）（差额）

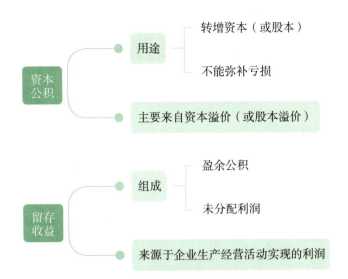

图6-2　资本公积和留存收益

（三）资本公积转增资本

经股东大会或类似机构决议，用资本公积转增资本时：

借：资本公积

　　贷：实收资本（股本）

 拿分要点

资本公积转增资本：所有者权益项目不发生变动，留存收益项目也不发生变动。

【例题·单选题】某公司委托证券公司发行普通股400 000股，每股面值为1元，每股发行价格为16元。双方协议约定，证券公司按发行收入的2%收取佣金，并直接从发行收入中扣除。不考虑其他因素，该公司发行股票应计入资本公积的金额为（　　）元。

　　A. 6 272 000　　　　B. 5 880 000

　　C. 5 872 000　　　　D. 6 000 000

【答案】C

【解析】该公司发行股票应计入资本公积的金额＝400 000×16×（1－2%）－400 000×1＝5 872 000（元）。

扫码听课

第三节 留存收益

一、留存收益概述（★★）

（一）留存收益的分类

留存收益的分类详见图6-3。

图6-3 留存收益的分类

拿分要点

1. 法定盈余公积：按照《公司法》有关规定，公司制企业应按照净利润（减弥补以前年度亏损后）的10%提取法定盈余公积。非公司制企业法定盈余公积的提取比例可超过净利润的10%。法定盈余公积累计额已达注册资本的50%时可以不再提取。

2. 任意盈余公积：公司制企业可根据股东会或股东大会的决议提取任意盈余公积。非公司制企业经类似权力机构批准，也可提取任意盈余公积。

（二）利润分配的顺序

利润分配的顺序如图6-4所示。

图6-4 利润分配的顺序

拿分要点

可供分配利润=当年实现的净利润（或净亏损）+年初未分配利润（或−年初未弥补亏损）+其他转入

留存收益与利润分配的相关内容如图6-5所示。

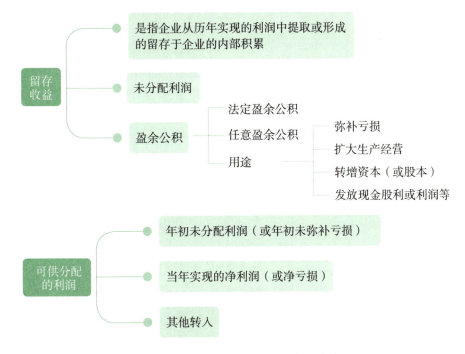

图6-5 留存收益与利润分配的相关内容

二、留存收益的账务处理（★★★）

（一）利润分配

年度终了，首先将损益类科目的余额都转入"本年利润"科目，然后将本年利润科目余额都转入"利润分配——未分配利润"科目。

📡 拿分要点

> 结转后，"利润分配——未分配利润"科目若为贷方余额，表示累积未分配的利润金额，若为借方余额，则表示累积未弥补的亏损金额。

1. 利润分配为贷方余额时（盈利）：通常要将企业实现的利润进行分配。

借：利润分配——提取法定盈余公积

    ——提取任意盈余公积

    ——应付现金股利或利润

 贷：盈余公积——法定盈余公积

    ——任意盈余公积

  应付股利

2. 分配结束后将利润分配其他各明细科目余额转入"利润分配——未分配利润"科目。

借：利润分配——未分配利润

 贷：利润分配——提取法定盈余公积

    ——提取任意盈余公积

    ——应付现金股利或利润

📡 拿分要点

> 年度终了需要将本年"利润分配——应付现金股利或利润""利润分配——盈余公积补亏""利润分配——提取法定盈余公积"等科目余额转入"利润分配——未分配利润"科目。年度终了，除"未分配利润"明细科目外，"利润分配"科目下的其他明细科目应当无余额。

（二）盈余公积

盈余公积是指企业按照有关规定从净利润中提取的积累资金。按照我国《公司法》有关规定，公司制企业应按照净利润（减弥补以前年度亏损，下同）的10%提取法定盈余公积。非公司制企业法定盈余公积的提取比例可超过净利润的10%。法定盈余公积累计额已达注册资本的50%时可以不再提取。企业提取的盈余公积经批准可用于弥补亏损、转增资本、发放现金股利或利润等。盈余公积的核算如表6-8所示。

表6-8　盈余公积的核算

内容	核算
提取盈余公积	借：利润分配——提取法定盈余公积 　　　　　　——提取任意盈余公积 贷：盈余公积——法定盈余公积 　　　　　　——任意盈余公积
盈余公积补亏	借：盈余公积 贷：利润分配——盈余公积补亏
盈余公积转增资本	借：盈余公积 贷：股本（或实收资本）
用盈余公积发放现金股利或利润	借：盈余公积 贷：应付股利

 拿分要点

盈余公积的主要用途是弥补亏损、转增资本、发放现金股利或利润等。

对留存收益和所有者权益影响与否，详见表6-9。

表6-9　对留存收益和所有者权益影响与否的考点汇总

业务内容	业务解释	留存收益总额	所有者权益总额
当期实现净利润	损益类结转	增加	增加
当期发生亏损	损益类结转	减少	减少
提取盈余公积	借：利润分配——提取盈余公积 　　贷：盈余公积	不影响	不影响
宣告分配现金股利	借：利润分配——应付现金股利或利润 　　贷：应付股利	减少	减少
实际发放现金股利	借：应付股利 　　贷：银行存款	不影响	不影响
宣告分配股票股利	不做账务处理	不影响	不影响
实际发放股票股利	借：利润分配——转作股本的股利 　　贷：股本	减少	不影响

第
六
章

（续上表）

业务内容	业务解释	留存收益总额	所有者权益总额
资本公积转增资本	借：资本公积 　　贷：实收资本／股本	不影响	不影响
盈余公积转增资本	借：盈余公积 　　贷：实收资本／股本	减少	不影响
盈余公积派送新股	借：盈余公积 　　贷：股本	减少	不影响
盈余公积补亏	借：盈余公积 　　贷：利润分配——盈余公积补亏	不影响	不影响
税后利润补亏	无单独会计处理	不影响	不影响
盈余公积分配现金股利和利润	借：盈余公积 　　贷：应付股利——应付现金股利或利润	减少	减少
回购股票	借：库存股 　　贷：银行存款	不影响	减少
注销库存股	借：股本 　　　资本公积——股本溢价（可能在贷方） 　　　盈余公积 　　　利润分配——未分配利润 　　贷：库存股	影响 （高于面值回购时股本溢价不足以冲减的，减少留存收益）	不影响
盘盈固定资产	借：固定资产 　　贷：以前年度损益调整 借：以前年度损益调整 　　贷：盈余公积 　　　利润分配——未分配利润	增加期初留存收益	增加期初所有者权益

【例题·单选题】某公司年初未分配利润为1 000万元，当年实现净利润500万元，按10%提取法定盈余公积，5%提取任意盈余公积，宣告发放现金股利100万元，不考虑其他因素，该公司年末未分配利润为（　　）万元。

A. 1 450　　　　　B. 1 475

C. 1 325　　　　　D. 1 400

【答案】C

【解析】该公司年末未分配利润=1 000+500-500×（10%+5%）-100=1 325（万元）。

扫一扫"码"上练题

　　打开微信扫一扫，关注公众号，点击"会计考试GO"小程序，即可线上练题。下载安装"会计学堂"APP，体验更多课程，参与万人模考，助您顺利通关。

第七章 收入、费用和利润

第一节 收　入

扫码听课

一、收入概述（★）（2022新增）

表7-1　收入的概念和管理

收入的概念	收入是指企业日常活动中形成的，会导致所有者权益增加的，与所有者投入资本无关的经济利益的总流入。日常活动是指企业为完成其经营目标所从事的经常性活动以及与之相关的其他活动 通常将收入分为主营业务收入和其他业务收入	举例： 1. 制造业企业的产品销售收入是其主营业务收入 2. 制造业企业生产产品用的材料销售收入或出租包装物等收入则属于其他业务收入 3. 商业银行的利息收入是其主营业务收入
收入的管理	加强收入核算与监督的目标	1. 保证收入的真实、完整，保证销售折让、折扣等可变对价的正确合理 2. 保证客户信用管理和货款的及时足额收回 3. 反映企业向客户转让商品的模式及其相应的销售政策和策略等销售决策的科学性、合理性
	收入核算和监督的基本要求	1. 确认收入的方式应当反映其向客户转让商品或提供服务的模式 2. 收入的金额应当反映企业因转让商品或提供服务而预期有权收取的对价金额 3. 通过收入的确认和计量能进一步如实地反映企业的生产经营成果，准确核算企业实现的损益

【例题·单选题】下列各项中，属于制造业企业主营业务收入的是（　　）。（2020年）

A. 销售原材料收入

B. 出租包装物租金收入

C. 出售生产设备净收益

D. 销售产品收入

【答案】D

【解析】"主营业务收入"科目核算企业确认的销售商品、提供服务等主营业务的收入，选项D正确；选项A、B计入"其他业务收入"；选项C计入"资产处置损益"。

二、收入的确认和计量（★★）

按照《企业会计准则第14号——收入》（2017）的相关规定，收入确认和计量的基本步骤大致分为以下五步：

（一）识别与客户订立的合同（与收入确认有关）

合同是指双方或多方之间订立有法律约束力的权利义务的协议。合同有书面形式、口头形式以及其他形式。合同的存在是企业确认客户合同收入的前提，企业与客户之间的合同一经签订，企业即享有从客户取得与转移商品和服务对价的权利，同时负有向客户转移商品和服务的履约义务。

1. 收入确认的原则

表7-2　收入确认的原则

收入确认原则	企业应当在履行了合同中的履约义务，即在客户取得相关商品控制权时确认收入
取得相关商品控制权	指客户能够主导该商品的使用并从中获得几乎全部经济利益，也包括有能力阻止其他方主导该商品的使用并从中获得经济利益
商品控制权取得三要素	1. 客户必须拥有现时权利，能够主导该商品的使用并从中获得几乎全部经济利益 2. 客户有能力主导该商品的使用，即客户在其活动中有权使用该商品，或者能够允许或阻止其他方使用该商品 3. 客户能够获得商品几乎全部的经济利益

躲坑要点

1. 客户是指与企业订立合同以向该企业购买其日常活动产出的商品并支付对价的一方。

2. 所称的商品包括商品和服务。

2. 收入确认的前提条件

表7-3　收入确认的前提条件

收入确认的前提条件 （5项同时满足）	1. 合同各方已批准该合同并承诺将履行各自义务 2. 该合同明确了合同各方与所转让商品相关的权利和义务 3. 该合同有明确的与所转让商品相关的支付条款 4. 该合同具有商业实质，即履行该合同将改变企业未来现金流量的风险、时间分布或金额 5. 企业因向客户转让商品而有权取得的对价很可能收回

（二）识别合同中的单项履约义务（与收入确认有关）

履约义务是指合同中企业向客户转让可明确区分商品或服务的承诺。企业应当将向客户转让可明确区分商品（或者商品的组合）的承诺以及向客户转让一系列实质相同且转让模式相同的、可明确区分商品的承诺作为单项履约义务。例如，企业与客户签订合同，向其销售商品并提供安装服务，该安装服务简单，除该企业外其他供应商也可以提供此类安装服务，该合同中销售商品和提供安装服务为两项履约义务。若该安装服务复杂且商品需要按客户定制要求修改，则合同中销售商品和提供安装服务合并为单项履约义务。

（三）确定交易价格（与收入计量有关）

交易价格是指企业因向客户转让商品而预期有权收取的对价金额，不包括企业代第三方收取的款项（如增值税）以及企业预期将退还给客户的款项。合同条款所承诺的对价，可能是固定金额、可变金额或两者兼有。

（四）将交易价格分摊至各单项履约义务（与收入计量有关）

当合同中包含两项或多项履约义务时，需要将交易价格分摊至单项履约义务，分摊的方法是在合同开始日，按照各单项履约义务所承诺商品的单独售价（企业向客户单独销售商品的价格）的相对比例，将交易价格分摊至各单项履约义务。通过分摊交易价格，使企业分摊至各单项履约义务的交易价格能够反映其因向客户转让已承诺的相关商品而有权收取的对价金额。

【例题·单选题】甲公司与乙公司签订合同，向乙公司销售E、F两种产品，不含增值税的合同总价款为3万元。E、F产品不含增值税的单独售价分别为2.2万元和1.1万元。该合同包含两项可明确区分的履约义务。不考虑其他因素，按照交易价格分摊原则，E产品应分摊的交易价格为（ ）万元。（2020年）

A. 2　　　B. 1　　　C. 2.2　　　D. 1.1

【答案】A

【解析】E产品应分摊的交易价格＝2.2÷（2.2+1.1）×3＝2（万元）。

（五）履行各单项履约义务时确认收入（与收入确认有关）

当企业将商品转移给客户，客户取得了相关商品的控制权，意味着企业履行了合同履约义务，此时，企业应确认收入。企业将商品控制权转移给客户，可能是在某一时段内（即履行履约义务的过程中）发生，也可能在某一时点（即履约义务完成时）发生。企业应当根据实际情况，首先判断履约义务是否满足在某一时段内履行的条件，如不满足，则该履约义务属于在某一时点履行的履约义务。

拿分要点

履行某些合同义务确认收入不一定都经过五个步骤。

三、会计科目设置（★★）

表7-4　收入核算应设置的会计科目

科目	核算内容
主营业务收入	核算企业确认的销售商品、提供服务等主营业务的收入
其他业务收入	核算企业确认的除主营业务活动以外的其他经营活动实现的收入，包括出租固定资产、出租无形资产、出租包装物和商品、销售材料等实现的收入
主营业务成本	核算企业确认销售商品、提供服务等主营业务收入时应结转的成本

第七章

第七章 收入、费用和利润

（续上表）

科目	核算内容
其他业务成本	核算企业确认的除主营业务活动以外的其他经营活动所形成的成本，包括出租固定资产的折旧额、出租无形资产的摊销额、出租包装物的成本或摊销额、销售材料的成本等
合同取得成本	核算企业取得合同发生的、预计能够收回的增量成本 该科目借方登记发生的合同取得成本，贷方登记摊销的合同取得成本，期末借方余额，反映企业尚未结转的合同取得成本。该科目可按合同进行明细核算
合同履约成本	核算企业为履行当前或预期取得的合同所发生的、不属于其他企业会计准则规范范围且按照收入准则应当确认为一项资产的成本 该科目借方登记发生的合同履约成本，贷方登记摊销的合同履约成本，期末借方余额，反映企业尚未结转的合同履约成本。该科目可按合同分别设置"服务成本""工程施工"等进行明细核算
合同资产	核算企业已向客户转让商品而有权收取对价的权利，且该权利取决于时间流逝之外的其他因素（如履行合同中的其他履约义务） 该科目借方登记因已转让商品而有权收取的对价金额，贷方登记取得无条件收款权的金额，期末借方余额，反映企业已向客户转让商品而有权收取的对价金额。该科目按合同进行明细核算
合同负债	核算企业已收或应收客户对价而应向客户转让商品的义务 该科目贷方登记企业在向客户转让商品之前，已经收到或已经取得无条件收取合同对价权利的金额；借方登记企业向客户转让商品时冲销的金额；期末贷方余额，反映企业在向客户转让商品之前，已经收到的合同对价或已经取得的无条件收取合同对价权利的金额。该科目按合同进行明细核算

此外，企业发生减值的，还应当设置"合同履约成本减值准备""合同取得成本减值准备""合同资产减值准备"等科目进行核算。

四、一般商品销售收入的账务处理（★★★）（2022新增）

（一）一般商品销售收入的确认

企业一般商品销售属于在某一时点履行的履约义务。对于在某一时点履行的履约义务，企业应当在客户取得相关商品控制权的时点确认收入。在判断控制权是否转移时，企业应当综合考虑下列迹象：

（1）企业就该商品享有现时收款权利，即客户就该商品负有现时付款义务。

（2）企业已将该商品的法定所有权转移给客户，即客户已拥有该商品的法定所有权。

（3）企业已将该商品实物转移给客户，即客户已占有该商品实物。

（4）企业已将该商品所有权上的主要风险和报酬转移给客户，即客户已取得该商品所有权上的主要风险和报酬。

（5）客户已接受该商品。

（6）其他表明客户已取得商品控制权的迹象。

（二）一般商品销售收入的具体账务处理

一般商品销售收入的具体账务处理如表7-5所示。

125

表7-5 一般商品销售具体账务处理

业务模式	处理原则	相关分录
现金结算方式销售业务的账务处理	企业以现金结算方式对外销售商品，在客户取得相关商品控制权时点确认收入	1. 确认收入时： 借：银行存款 　　贷：主营业务收入 　　　　应交税费——应交增值税（销项税额） 2. 结转销售商品成本： 借：主营业务成本 　　贷：库存商品
委托收款结算方式销售业务的账务处理	企业以委托收款结算方式对外销售商品，在其办妥委托收款手续且客户取得相关商品控制权时点确认收入	1. 确认收入时： 借：应收账款 　　贷：主营业务收入 　　　　应交税费——应交增值税（销项税额） 同时，结转销售商品成本： 借：主营业务成本 　　贷：库存商品 2. 收到收款通知： 借：银行存款 　　贷：应收账款
商业汇票结算方式销售的账务处理	企业以商业汇票结算方式对外销售商品，在收到商业汇票且客户取得相关商品控制权时点确认收入	1. 确认收入时： 借：应收票据 　　贷：主营业务收入 　　　　应交税费——应交增值税（销项税额） 2. 结转销售商品成本： 借：主营业务成本 　　贷：库存商品
赊销方式销售业务的账务处理	企业以赊销方式对外销售商品，在客户取得相关商品控制权时点确认收入	1. 确认收入时： 借：应收账款 　　贷：主营业务收入 　　　　应交税费——应交增值税（销项税额） 同时，结转销售商品成本： 借：主营业务成本 　　贷：库存商品 2. 收到货款时： 借：银行存款 　　贷：应收账款

（续上表）

业务模式	处理原则	相关分录
发出商品业务的账务处理	企业按合同发出商品，合同约定客户只有在商品售出取得价款后才支付货款。企业向客户转让商品的对价未达到"很可能收回"收入确认条件，在发出商品时，企业不应确认收入，将发出商品的成本记入"发出商品"科目	1．发出商品但未满足收入确认条件： 借：发出商品 　　贷：库存商品 2．已发出商品被客户退回： 借：库存商品 　　贷：发出商品 3．收到货款或取得收取货款权利时，确认收入： 借：银行存款或应收账款 　　贷：主营业务收入 　　　　应交税费——应交增值税（销项税额） 同时结转已销商品成本： 借：主营业务成本 　　贷：发出商品
材料销售业务的账务处理	企业在日常活动中发生对外销售不需用的原材料、随同商品对外销售单独计价的包装物等业务。企业销售原材料、包装物等存货取得收入的确认和计量原则比照商品销售。企业销售原材料、包装物等存货确认的收入作为其他业务收入处理，结转的相关成本作为其他业务成本处理	1．确认收入时： 借：银行存款 　　贷：其他业务收入 　　　　应交税费——应交增值税（销项税额） 2．结转销售原材料成本 借：其他业务成本 　　贷：原材料
销售退回业务的账务处理	销售退回是指企业因售出商品在质量、规格等方面不符合销售合同规定条款的要求，客户要求企业予以退货。企业销售商品发生退货，表明企业履约义务的减少和客户商品控制权及其相关经济利益的丧失。已确认销售商品收入的售出商品发出销售退回的，除属于资产负债表日后事项的外，企业收到退回的商品时，应退回货款或冲减应收账款，并冲减主营业务收入和增值税销项税额	1．确认收入时： 借：银行存款或应收账款等 　　贷：主营业务收入 　　　　应交税费——应交增值税（销项税额） 同时，结转销售商品成本： 借：主营业务成本 　　贷：库存商品 2．部分或全部销售退回时： 借：主营业务收入 　　应交税费——应交增值税（销项税额） 　　贷：银行存款或应收账款等 借：库存商品 　　贷：主营业务成本

第七章

【例题·单选题】下列各项中，企业结转发出不满足收入确认条件的商品成本应借记的会计科目是（　　）。（2020年）

A. 主营业务成本

B. 发出商品

C. 其他业务成本

D. 库存商品

【答案】B

【解析】对于不满足收入确认条件的商品，在发出商品时，借记"发出商品"科目，贷记"库存商品"科目，选项B正确。

特殊的一般商品销售模式（收取手续费方式委托代销）的账务处理，详见表7-6。

表7-6　收取手续费方式委托代销的账务处理

业务	会计处理	
	委托方	受托方
交付商品	借：发出商品（按商品成本） 　贷：库存商品（按商品成本）	借：受托代销商品（按商品对外售价） 　贷：受托代销商品款（按商品对外售价）
受托方实际销售商品，委托方收到代销清单	借：应收账款——受托方 　贷：主营业务收入 　　应交税费——应交增值税（销项税额） 借：主营业务成本 　贷：发出商品 借：销售费用——代销手续费 　应交税费——应交增值税（进项税额） 　贷：应收账款——受托方	借：银行存款 　贷：受托代销商品 　　应交税费——应交增值税（销项税额） 借：受托代销商品款 　应交税费——应交增值税（进项税额） 　贷：应付账款——委托方 借：应付账款——委托方 　贷：其他业务收入——代销手续费 　　应交税费——应交增值税（销项税额）
结算货款和手续费	借：银行存款 　贷：应收账款——受托方	借：应付账款——委托方 　贷：银行存款

【例题·单选题】采用支付手续费委托代销方式下，下列各项中，委托方在收到受托方开出的代销清单时应将支付的代销手续费记入的会计科目是（　　）。（2020年）

A. 销售费用

B. 财务费用

C. 其他业务成本

D. 管理费用

【答案】A

【解析】委托方应支付受托方的代销手续费是为了销售商品而发生的，记入"销售费用"科目，选项A正确。

五、可变对价的账务处理（★★★）（2022新增）

（一）可变对价的管理

企业与客户的合同中约定的对价金额可能是固定的，也可能会因折扣、价格折让、返利、退款、奖励积分、激励措施、业绩奖金、索赔等因素而变化。此外，根据一项或多项或有事项的发生而收取不同对价金额的合同，也属于可变对价的情形。

若合同中存在可变对价，企业应当对计入交易价格的可变对价进行估计。企业应当按照期望值或最可能发生金额确定可变对价的最佳估计数。但是，企业不能在两种方法之间随意进行选择。期望值是按照各种可能发生的对价金额及相关概率计算确定的金额；最可能发生金额是一系列可能发生的对价金额中最可能发生的单一金额，即合同最可能产生的单一结果。此外，需要注意的是，企业确定可变对价金额之后，计入交易价格的可变对价金额还应满足限制条件，即包含可变对价的交易价格，应当不超过在相关不确定性消除时，累计已确认的收入极可能不会发生重大转回的金额。

（二）可变对价的账务处理

表7-7 可变对价几种业务下的账务处理举例

业务情形	处理原则（举例）
销售折让	按折让后的金额确认销售收入和计算增值税销项税额
销售折扣	商业折扣：按折扣后的金额确认销售收入和计算增值税销项税额
	现金折扣：按折扣后的金额确认销售收入，按折扣前的金额计算增值税销项税额
多种概率情形下价格的确认（最佳估计数）	甲公司向乙公司销售一批商品，合同约定售价总额300万元，同时，甲公司对乙公司提供价格保护，同意在未来6个月内，如果该批商品售价下降，则按照合同价格与最低售价之间的差额向乙公司支付差价，甲公司根据以往执行类似合同的经验，预计价格不下降（保持300万元）的概率为40%，预计价格下降20万元（预计售价280万元）的概率为30%，预计价格下降40万元（预计售价260万元）的概率为20%，预计价格下降60万元（预计售价240万元）的概率为10%。则甲公司销售该批商品售价的最佳估计数=300×40%+280×30%+260×20%+240×10%=280（万元），即甲公司应当按照280万元确认该批商品的销售收入，并以此作为计算增值税销项税额的基础

【例题·单选题】甲公司为增值税一般纳税人，2022年10月2日销售M商品1 000件并开具增值税专用发票，每件商品的标价为200元（不含增值税），M商品适用的增值税税率为13%。每件商品的实际成本为120元，由于成批销售，甲公司给予客户10%的商业折扣。同时约定的现金折扣条件为3／10、2／20、N／30，M商品于10月2日发出，假设符合收入确认条件。甲公司根据以往对客户的了解，认为客户极有可能在当月22日前付款，客户于当月20日付款。该销售业务属于在某一时点履行的履约义务。不考虑其他因素，下列各项中，有关甲公司当月销售商品的会计处理表述正确的是（ ）。（2020年改编）

A．确认主营业务收入176 400元

B．确认财务费用36 000元

C．确认主营业务成本108 000元

D．确认应交税费——应交增值税（销项税额）22 932元

【答案】A

【解析】当月确认的主营业务收入=1 000×200×（1-10%）×（1-2%）=176 400（元）；确认主营业务成本=1 000×120=120 000（元）；

确认"应交税费——应交增值税（销项税额）"的金额=1 000×200×（1-10%）×13%=23 400（元）

相关会计分录：

10月2日发出商品时会计分录：

借：应收账款　　　　　　199 800
　　贷：主营业务收入　　　176 400
　　　　应交税费——应交增值税（销项税额）　　23 400

借：主营业务成本　　　　120 000
　　贷：库存商品　　　　　120 000

10月20日收款时会计分录：

借：银行存款　　　　　　199 800
　　贷：应收账款　　　　　199 800

【例题·判断题】销售商品涉及现金折扣的，应当按照扣除现金折扣后的金额确定销售收入。（　　）（2021年改编）

【答案】√

【解析】根据新准则的修订，现金折扣实际上也属于可变对价，销售商品涉及的折扣，无论是商业折扣还是现金折扣，均按照扣除折扣后的金额确定销售收入。

六、在某一时段内完成的商品销售收入的账务处理（★★）

对于在某一时段内履行的履约义务，企业应当在该段时间内按照履约进度确认收入，履约进度不能合理确定的除外。

表7-8　在某一时段内履行履约义务

确认条件（满足条件之一即可）	1. 客户在企业履约的同时即取得并消耗企业履约所带来的经济利益 2. 客户能够控制企业履约过程中在建的商品 3. 企业履约过程中所产出的商品具有不可替代用途，且该企业在整个合同期间内有权就累计至今已完成的履约部分收取款项。具有不可替代用途，是指因合同限制或实际可行性限制，企业不能轻易地将商品用于其他用途。有权就累计至今已完成的履约部分收取款项，是指在由于客户或其他方原因终止合同的情况下，企业有权就累计至今已完成的履约部分收取能够补偿其已发生成本和合理利润的款项，并且该权利具有法律约束力
履约进度的确定	企业应当考虑商品的性质，采用实际测量的完工进度、评估已实现的结果、时间进度、已完工或交付的产品等产出指标，或采用投入的材料数量、花费的人工工时、机器工时、发生的成本和时间进度等投入指标确定恰当的履约进度。通常，企业按照累计实际发生的成本占预计总成本的比例（即成本法）确定履约进度。累计实际发生的成本包括企业向客户转移商品过程中所发生的直接成本和间接成本，如直接人工、直接材料、分包成本以及其他与合同相关的成本。对于每一项履约义务，企业只能采用一种方法来确定其履约进度，并加以一贯运用。对于类似情况下的类似履约义务，企业应当采用相同的方法确定履约进度 【拿分要点】在确定履约进度时，应当扣除那些控制权尚未转移给客户的商品和服务
当期收入的确认	当期收入=合同交易价格总额×履约进度-以前会计期间累计已确认的收入 【拿分要点】当履约进度不能合理确定时，企业已经发生的成本预计能够得到补偿的，应当按照已经发生的成本金额确认收入，直到履约进度能够合理确定为止

（一）合同成本与合同负债

表7-9 合同成本与合同负债

合同取得成本	企业为取得合同发生的<u>增量成本预期能够收回的，应作为合同取得成本确认为一项资产</u> 增量成本是指企业不取得合同就不会发生的成本，也就是企业发生的与合同直接相关，但又不是所签订合同的对象或内容（如建造商品或提供服务）本身所直接发生的费用，例如销售佣金等 **【拿分要点】**企业为取得合同发生的、除预期能够收回的增量成本之外的其他支出，例如，无论是否取得合同均会发生的差旅费、投标费、为准备投标资料发生的相关费用等，应当在发生时计入当期损益，除非这些支出明确由客户承担
合同履约成本	企业为履行合同可能会发生各种成本，企业在确认收入的同时应当对这些成本进行分析，若不属于存货、固定资产、无形资产等规范范围且同时满足下列条件的，应当作为合同履约成本确认为一项资产： 1. 该成本与一份当前或预期取得的合同直接相关 （1）与合同直接相关的成本 ①直接人工（如支付给直接为客户提供所承诺服务的人员的工资、奖金等） ②直接材料（如为履行合同耗用的原材料、辅助材料、构配件、零件、半成品的成本和周转材料的摊销及租赁费用等） ③制造费用或类似费用（如组织和管理相关生产、施工、服务等活动发生的费用，包括车间管理人员的职工薪酬、劳动保护费、固定资产折旧费及修理费、物料消耗、取暖费、水电费、办公费、差旅费、财产保险费、工程保修费、临时设施摊销费等） （2）明确由客户承担的成本以及仅因该合同而发生的其他成本（如支付给分包商的成本、机械使用费、设计和技术援助费用、施工现场二次搬运费、生产工具和用具使用费、检验试验费、工程定位复测费、工程点交费用、场地清理费等） 2. 该成本增加了企业未来用于履行（包括持续履行）履约义务的资源 3. 该成本预期能够收回 **【拿分要点】**企业应当在下列支出发生时，将其计入当期损益： 1. 管理费用，除非这些费用明确由客户承担 2. 非正常消耗的直接材料、直接人工和制造费用（或类似费用），这些支出为履行合同发生，但未反映在合同价格中 3. 与履约义务中已履行（包括已全部履行或部分履行）部分相关的支出，即该支出与企业过去的履约活动相关 4. 无法在尚未履行的与已履行（或部分履行）的履约义务之间区分的相关支出
合同负债	合同负债是指企业已收或应收客户对价而应向客户转让商品的义务 **【拿分要点】**对于尚未向客户履行转让商品的义务的已收或应收客户对价中的增值税部分，因不符合合同负债的定义，不应确认为合同负债

【例题·单选题】甲公司为一家咨询服务提供商（中了一个向新客户提供咨询服务的标）。甲公司为取得合同而发生的成本如下：（1）尽职调查的外部律师费7万元；（2）提交标书的差旅费8万元（客户不承担）；（3）销售人员佣金4万元。假定不考虑其他因素，甲公司应确认的与合同相关的资产为（　　）万元。（2020年）

A. 4　　　　　B. 12

C. 15　　　　　D. 19

【答案】A

【解析】尽职调查的律师费和提交标书的差旅费计入管理费用，确认为当期损益；销售人员

佣金属于预期未来能够收回的增量成本，应作为合同取得成本确认为一项资产，所以应确认的与合同相关的资产为4万元。

（二）合同取得成本及销售收入的账务处理

表7-10　合同取得成本及销售收入的账务处理

账务处理原则	相关会计分录
1. 企业对已确认为资产的合同取得成本，应当采用与该资产相关的商品收入确认相同的基础进行摊销，计入当期损益 2. 为简化实务操作，该资产摊销期限不超过1年的，可以在发生时计入当期损益	1. 取得时摊销期限超过1年的 （1）支付与取得合同相关的费用： 借：合同取得成本 　　贷：银行存款 （2）各期确认收入，同时摊销合同取得成本： 借：应收账款 　　贷：主营业务收入 　　　　应交税费——应交增值税（销项税额） 借：主营业务成本 　　贷：合同履约成本 借：销售费用等 　　贷：合同取得成本 2. 取得时摊销期限不超过1年的 支付与取得合同相关费用： 借：销售费用 　　贷：银行存款

躲坑要点

与签订合同相关的销售佣金属于合同取得成本，销售部门的年终奖金等其他与取得合同无关的销售部门的薪酬不属于合同取得成本，发生（计提）时计入"销售费用"。

【例题·判断题】由企业承担的为取得合同

发生的投标费，应确认合同取得成本。（　　）

（2021年）

【答案】×

【解析】无论是否取得合同均会发生的差旅费、投标费、为准备投标资料发生的相关费用等，应当在发生时计入当期损益，除非这些支出明确由客户承担。

（三）合同履约成本及销售收入的账务处理

表7-11 合同履约成本及销售收入的账务处理

账务处理原则	相关会计分录
企业对已确认为资产的合同履约成本，应当采用与该资产相关的商品收入确认相同的基础进行摊销，计入当期损益	1. 实际发生时： 借：合同履约成本 　　贷：应付职工薪酬等 2. 按履约进度确认收入时，同时摊销合同履约成本： 借：应收账款等 　　贷：主营业务收入 　　　　应交税费——应交增值税（销项税额） 借：主营业务成本 　　贷：合同履约成本

【例题·单选题】某企业为建筑施工单位，2020年9月1日与客户签订一份施工合同，属于在某一时段内履行的单项履约义务。合同总金额为3 500万元，预计总成本为2 000万元。截至2020年12月31日，该企业为履行合同履约义务实际发生成本800万元，履约进度不能合理确定，已经发生的成本预计能够得到补偿。不考虑相关税费和其他因素，2020年该企业应确认的收入为（　　）万元。（2021年）

A. 2 000　　　　　B. 1 400

C. 800　　　　　D. 2 100

【答案】C

【解析】当履约进度不能合理确定时，企业已经发生的成本预计能够得到补偿的，应当按照已经发生的成本金额确认收入，直到履约进度能够合理确定为止。

（四）合同负债及销售收入的账务处理

（1）收到或应收客户对价而承担应向客户转让商品的义务时：

借：银行存款或应收账款等

　　贷：合同负债

　　　　应交税费——待转销项税额

（2）发出商品或满足收入确认条件时：

借：合同负债

　　应交税费——待转销项税额

　　贷：主营业务收入

　　　　应交税费——应交增值税（销项税额）

 扫一扫"码"上练题

打开微信扫一扫，关注公众号，点击"会计考试GO"小程序，即可线上练题。下载安装"会计学堂"APP，体验更多课程，参与万人模考，助您顺利通关。

第七章

第二节 费用

表7-12 收入与费用对比表

项目	收入	费用
日常活动	√	√
所有者权益	增加	减少
经济利益	总流入	总流出
其他	投入资本无关	分配利润无关

一、营业成本（★）

营业成本的组成内容如图7-1所示。

图7-1 营业成本的组成

营业成本的核算，详见表7-13。

表7-13 营业成本的核算

主营业务成本的核算	主营业务成本是指企业销售商品、提供服务等经常性活动所发生的成本。账务处理： 借：主营业务成本 　　　存货跌价准备（如果该商品计提过减值准备） 　　　贷：库存商品/合同履约成本等 期末，应将"主营业务成本"科目余额转入"本年利润"科目 借：本年利润 　　　贷：主营业务成本 结转后该科目无余额

（续上表）

其他业务成本的核算	其他业务成本包括销售材料的成本、出租固定资产的折旧额、出租无形资产的摊销额、出租包装物的成本或摊销额等。基本账务处理： 借：其他业务成本 　　贷：原材料 　　　　周转材料 　　　　累计折旧（累计摊销） 　　　　银行存款等 期末，应将"其他业务成本"科目余额转入"本年利润"科目 借：本年利润 　　贷：其他业务成本 结转后该科目无余额

二、税金及附加（★）

税金及附加是指企业经营活动应负担的相关税费，包括消费税、城市维护建设税、教育费附加、资源税、土地增值税、城镇土地使用税、房产税、环境保护税、车船税、印花税等。

拿分要点

由于房地产开发企业日常经营活动的特殊性，该类企业在销售商品房时交纳的土地增值税记"税金及附加"科目核算，但是一般的企业销售房屋这类不动产应该记入"固定资产清理"等科目中核算，最终影响营业外收支或资产处置损益。

增值税和所得税不在"税金及附加"科目核算。

企业应通过"税金及附加"科目，核算企业经营活动相关税费的发生和结转情况。该科目借方登记企业经营业务发生的各项税费，贷方登记期末结转入本年利润的税费，结转后该科目应无余额。

借：税金及附加
　　贷：应交税费——应交消费税
　　　　　　　　——应交城建税等
期末，应将"税金及附加"科目余额转入

"本年利润"科目：
借：本年利润
　　贷：税金及附加

【例题·单选题】某企业根据税法计算应交车船税3.5万元，城镇土地使用税5万元和企业所得税20万元。不考虑其他因素，该企业上述税金应记入"税金及附加"科目的金额为（　　）万元。（2021年）

A. 8.5　　　　　　B. 28.5

C. 25　　　　　　D. 23.5

【答案】A

【解析】应记入"税金及附加"科目的金额＝3.5＋5＝8.5（万元）。

会计分录：

借：税金及附加　　　　　　8.5（3.5＋5）
　　贷：应交税费——应交车船税　　3.5
　　　　　　　　——应交城镇土地使用税
　　　　　　　　　　　　　　　　　5
借：所得税费用　　　　　　20
　　贷：应交税费——应交所得税　　20

【例题·判断题】会计期末，企业应将"所得税费用"科目余额转入"利润分配——未分配利润"科目。（　　）（2021年）

【答案】×

【解析】会计期末，企业应将"所得税费用"科目余额转入"本年利润"科目。

三、期间费用（★★★）

期间费用的概念和内容详见表7-14。

表7-14　期间费用的概念和内容

概念	期间费用是指企业日常活动发生的不能计入特定核算对象的成本，而应计入发生当期损益的费用
销售费用	销售费用是指企业在销售商品和材料、提供服务过程中发生的各项费用，包括企业在销售商品过程中发生的保险费、包装费、展览费和广告费、商品维修费、预计产品质量保证损失、运输费、装卸费等以及为销售本企业商品而专设的销售机构（含销售网点、售后服务网点等）的职工薪酬、业务费、折旧费等经营费用。企业发生的与专设销售机构相关的固定资产修理费用等后续支出也属于销售费用 【拿分要点】1. 主要包括销售过程和销售机构发生的费用 2. 出售包装物的摊销额：（1）能单独计价的，计入"其他业务成本"；（2）不能单独计价的，计入"销售费用" 3. 商品流通企业发生的金额较小的进货费用，可以直接计入销售费用（重要性原则）
管理费用	管理费用包括企业在筹建期间内发生的开办费、董事会和行政管理部门在企业的经营管理中发生的以及应由企业统一负担的公司经费。行政管理部门负担的工会经费、董事会费（包括董事会成员津贴、会议费和差旅费等）、聘请中介机构费、咨询费（含顾问费）、诉讼费、业务招待费、技术转让费、研究费用等企业行政管理部门发生的固定资产修理费用等后续支出，应在发生时计入管理费用 【拿分要点】主要包括管理过程和管理部门发生的费用
财务费用	财务费用是指企业为筹集生产经营所需资金而发生的费用，包括： 1. 利息支出（减利息收入） 2. 汇兑损益 3. 相关手续费 【拿分要点】符合资本化条件的利息支出计入相关资产的成本中

【例题·多选题】下列各项中，制造业企业销售商品时发生的支出，应通过"销售费用"科目核算的有（　　　）。（2020年）

A. 装卸费　　　　B. 保险费

C. 包装费　　　　D. 代垫运费

【答案】ABC

【解析】销售费用是指企业销售商品和材料、提供服务的过程中发生的各种费用，包括企业在销售商品过程中发生的保险费、包装费、展览费和广告费、商品维修费、预计产品质量保证损失、运输费、装卸费等以及为销售本企业商品而专设的销售机构（含销售网点、售后服务网点等）的职工薪酬、业务费、折旧费等经营费用。选项D计入应收账款等。

【例题·单选题】某公司本期发生如下费用：汇兑损失8万元，银行存款利息收入3万元，财务部门经费4万元，则本期应计入财务费用的金额为（　　）万元。（2021年）

A. 5　　　　　　　　B. 8

C. 9　　　　　　　　D. 12

【答案】A

【解析】计入财务费用的金额=8-3=5（万元），财务部门经费计入管理费用。

【例题·多选题】下列各项中，应计入企业期间费用的有（　　）。（2021年）

A. 行政管理部门职工的薪酬

B. 计提的无形资产减值准备

C. 生产部门机器设备的折旧费

D. 预计产品质量保证损失

【答案】AD

【解析】期间费用包括管理费用、销售费用、财务费用。选项A，计入"管理费用"，选项B，计入"资产减值损失"，选项C计入"制造费用"，选项D，计入"销售费用"。

扫一扫"码"上练题

打开微信扫一扫，关注公众号，点击"会计考试GO"小程序，即可线上练题。下载安装"会计学堂"APP，体验更多课程，参与万人模考，助您顺利通关。

基础阶段，建议考生结合视频课程进行学习，消化重难点。

后续可配套《习题精编》进行练习。

扫码听课

第三节 利 润

一、利润构成（★★）

利润表（简表）
2021 年 5 月

一、营业收入

　　−营业成本−税金及附加− 4 费用＋ 5 收益− 2 损失

二、营业利润

　　＋营业外收入−营业外支出

三、利润总额

　　−所得税费用

四、净利润

五、其他综合收益的税后净额

六、综合收益总额

七、每股收益

　　（一）基本每股收益

　　（二）稀释每股收益

图7-2　利润表（简表）示例

收入与利得、费用与损失的区别与联系如表7-15所示：

表7-15　收入与利得、费用与损失的区别与联系

项目	区别	联系
收入与利得	1. 收入与日常活动有关，利得与非日常活动有关 2. 收入是经济利益总流入，利得是经济利益净流入	都会导致所有者权益增加，且与所有者投入资本无关

（续上表）

项目	区别	联系
费用与损失	1. 费用与日常活动有关，损失与非日常活动有关 2. 费用是经济利益总流出，损失是经济利益净流出	都会导致所有者权益减少，且与向所有者分配利润无关

（一）营业利润

营业利润＝营业收入－营业成本－税金及附加－销售费用－管理费用－研发费用－财务费用＋其他收益＋投资收益（－投资损失）＋净敞口套期收益（－净敞口套期损失）＋公允价值变动收益（－公允价值变动损失）－信用减值损失－资产减值损失＋资产处置收益（－资产处置损失）

其中：

营业收入是指企业经营业务所实现的收入总额，包括主营业务收入和其他业务收入。

营业成本是指企业经营业务所发生的实际成本总额，包括主营业务成本和其他业务成本。

研发费用是指企业进行研究与开发过程中发生的费用化支出，以及计入管理费用的自行开发无形资产的摊销。

信用减值损失是指企业计提各项金融工具信用减值准备所确认的信用损失。

资产减值损失是指企业计提有关资产减值准备所形成的损失。

公允价值变动收益（或损失）是指企业交易性金融资产等公允价值变动形成的应计入当期损益的利得（或损失）。

投资收益（或损失）是指企业以各种方式对外投资所取得的收益（或损失）。

其他收益主要是指与企业日常活动相关，除冲减相关成本费用以外的政府补助。

资产处置收益（或损失）主要是反映企业出售划分为持有待售的非流动资产（金融工具、长期股权投资和投资性房地产除外）或处置组（子公司和业务除外）时确认的处置利得或损失，以

及处置未划分为持有待售的固定资产、在建工程、生产性生物资产及无形资产而产生的处置利得或损失，还包括非货币性资产交换中换出非流动资产产生的利得或损失。

（二）利润总额

利润总额＝营业利润＋营业外收入－营业外支出

其中：

营业外收入是指企业发生的与其日常活动无直接关系的各项利得。

营业外支出是指企业发生的与其日常活动无直接关系的各项损失。

【例题·单选题】某企业发生营业收入1 500万元，营业成本500万元，销售费用20万元，管理费用50万元，投资收益40万元，资产减值损失70万元，公允价值变动收益60万元，营业外收入25万元，营业外支出15万元，不考虑其他因素。该企业年末利润表中"营业利润"是（　　）万元。（2021年）

A. 920　　　　　　B. 970

C. 950　　　　　　D. 960

【答案】D

【解析】营业利润＝1 500－500－20－50＋40＋60－70＝960（万元）。

【例题·单选题】下列各项中，影响营业利润的是（　　）。（2021年）

A. 接受现金捐赠

B. 税收罚款支出

C. 当期确认的所得税费用

D. 管理不善造成的库存现金短缺

【答案】D

【解析】接受现金捐赠计入营业外收入，税收罚款支出计入营业外支出，均不影响营业利润。当期确认的所得税费用影响净利润不影响营业利润。选项D管理不善造成的库存现金短缺计入管理费用，影响营业利润。

（三）净利润

净利润＝利润总额－所得税费用

其中，所得税费用是指企业确认的应从当期利润总额中扣除的所得税费用。

二、营业外收入与营业外支出（★★）

（一）营业外收入

1. 营业外收入的核算内容

营业外收入与营业外支出的对比如表7-16所示。

表7-16 营业外收入与营业外支出对比表

营业外收入	营业外支出
1. 非流动资产毁损报废收益	1. 非流动资产毁损报废损失
2. 盘盈（现金）利得	2. 盘亏（固定资产）损失
3. 捐赠利得	3. 捐赠支出
4. 与企业日常活动无关的政府补助	4. 非常损失
	5. 罚款支出

 拿分要点

1. 非流动资产毁损报废收益，指因自然灾害等发生毁损、已丧失使用功能而报废非流动资产所产生的清理收益。

2. 非流动资产毁损报废损失，指因自然灾害等发生毁损、已丧失使用功能而报废非流动资产所产生的清理损失。

2. 营业外收入的账务处理

（1）盘盈现金：

借：库存现金

　　贷：待处理财产损溢

未找到原因的情况下，经批准后：

【例题·单选题】某公司2019年实现利润总额120万元，确认所得税费用30万元、其他综合收益税后净额8万元。不考虑其他因素，该公司2019年实现的净利润为（　　）万元。（2020年）

A. 120　　　　　B. 128

C. 90　　　　　D. 98

【答案】C

【解析】该公司2019年实现的净利润＝利润总额－所得税费用＝120-30=90（万元）。

借：待处理财产损溢

　　贷：营业外收入

（2）收到捐赠产生的利得：

①收到现金捐赠。

借：库存现金

　　贷：营业外收入

②收到捐赠原材料。

借：原材料

　　应交税费——应交增值税（进项税额）

　　贷：营业外收入

（3）固定资产报废清理：

借：固定资产清理

贷：营业外收入——非流动资产毁损报
　　　　废收益

（二）营业外支出

1. 企业报废固定资产损失
借：营业外支出
　　贷：固定资产清理
2. 确认盘亏、罚款支出
借：营业外支出
　　贷：待处理财产损溢（盘亏支出）
　　　　库存现金（罚款支出）
3. 捐赠支出
借：营业外支出
　　贷：库存商品
　　　　应交税费——应交增值税（销项
　　　　税额）

4. 期末结转营业外支出
借：本年利润
　　贷：营业外支出
结转后本科目应无余额。

　　【例题·单选题】2019年9月，某企业报经批准结转无法查明原因的现金溢余500元，转销由于债权单位撤销无法清偿的应付账款8 000元，出售管理用设备确认净收益6 000元。不考虑其他因素，2019年9月该企业确认的营业外收入为（　　）元。（2020年）
　　A. 14 500　　　　B. 8 500
　　C. 6 500　　　　D. 14 000
　　【答案】B
　　【解析】出售管理用设备确认净收益计入资产处置损益；2019年9月该企业确认的营业外收入=500+8 000=8 500（元）。

三、所得税费用（★）

　　所得税费用的概况，如表7-17所示。

表7-17　所得税费用

概念	企业的所得税费用包括当期所得税和递延所得税两个部分。其中，当期所得税是指当期应交所得税；递延所得税包括递延所得税资产和递延所得税负债
纳税调整增加额	1. 包括税法规定允许扣除项目中，企业已计入当期费用但超过税法规定扣除标准的金额，例如：超过税法规定标准的职工福利费、工会经费、职工教育经费、业务招待费、公益性捐赠支出、广告费和业务宣传费等 2. 企业已计入当期损失但税法规定不允许扣除项目的金额（如税收滞纳金、罚款、罚金等）
纳税调整减少额	包括按税法规定允许弥补的亏损和准予免税的项目，如前五年内未弥补亏损、国债利息收入等
账务处理	所得税费用相关分录： 借：所得税费用 　　贷：应交税费——应交所得税（当期所得税） 当期税法需要企业预付的可抵扣暂时性差异： 借：递延所得税资产 　　贷：所得税费用（冲抵所得税费用） 当期税法需要企业暂时挂账不予支付的所得税费用： 借：所得税费用 　　贷：递延所得税负债 【拿分要点】递延所得税资产和递延所得税负债调整的是所得税费用

（一）应交所得税

应交所得税＝应纳税所得额×所得税税率

应纳税所得额＝税前会计利润＋纳税调整增加额－纳税调整减少额

详见图7-3所示。

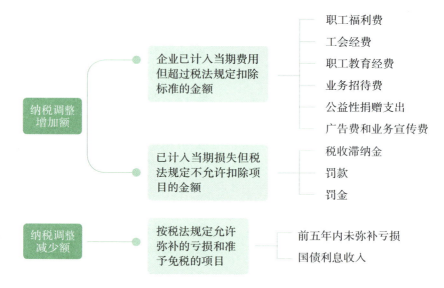

图7-3　纳税调整增加额和减少额

1. 税法规定允许扣除项目中，企业已计入当期费用但超过税法规定扣除标准的金额。

（1）按工资总额的一定比率扣除的费用：职工福利费14%、工会经费2%、职工教育经费8%。

职工教育经费超过部分准予在以后纳税年度结转扣除。

（2）业务招待费：发生额的60%，但不超过营业收入的5‰。

（3）公益性捐赠支出：年度利润总额的12%。

（4）广告费和业务宣传费：营业收入的15%。

2. 企业已计入当期损失但税法规定不允许扣除项目的金额（如税收滞纳金、罚金、罚款）。

如：收入100万元，罚款100万元，利润总额0，应纳税所得额＝0＋100＝100（万元）。

3. 纳税调整减少额主要包括按税法规定允许弥补的亏损和准予免税的项目：

（1）前五年内的未弥补亏损；

（2）国债利息收入；

（3）其他收益中符合国家规定的不征税收入调减。

（二）所得税费用的账务处理

所得税费用＝当期所得税＋递延所得税

1. 所得税费用相关分录（税法与企业存在未来可抵扣的暂时性差异）：

借：所得税费用

　　递延所得税资产

　　贷：应交税费——应交所得税（当期所得税）

2. 所得税费用相关分录（税法与企业存在未来应纳税的暂时性差异）：

借：所得税费用

　　贷：应交税费——应交所得税（当期所得税）

　　　　递延所得税负债

递延所得税资产的发生额可能在贷方，递延所得税负债的发生额可能在借方。

四、本年利润（★）

本年利润的账务处理如表7-18所示。

表7-18　本年利润的账务处理

结转本年利润的方法	表结法	各损益类科目每月月末只需结计出本月发生额和月末累计余额，不结转到"本年利润"，只有在年末时才将全年累计余额结转入"本年利润"科目。但每月月末要将损益类科目的本月发生额合计数填入利润表的本月数栏，同时将本月末累计余额填入利润表的本年累计数栏，通过利润表计算反映各期的利润（或亏损）
	账结法	每月月末均需编制转账凭证，将在账上结计出的各损益类科目的余额结转入"本年利润"科目。结转后"本年利润"科目的本月余额反映当月实现的利润或发生的亏损，"本年利润"科目的本年余额反映本年累计实现的利润或发生的亏损
结转本年利润的账务处理		年度终了，结转"本年利润"科目： 借：本年利润 　　贷：利润分配——未分配利润 或做相反的会计分录。结转后"本年利润"科目应无余额

【例题·判断题】会计期末，企业应将"所得税费用"科目余额转入"利润分配——未分配利润"科目。（　　）（2021年）

【答案】×

【解析】会计期末，企业应将"所得税费用"科目余额转入"本年利润"科目。

基础阶段，建议考生结合视频课程进行学习，消化重难点。

后续可配套《习题精编》进行练习。

第八章 财务报告

第一节 概述

扫码听课

提示：本节为教材2022新增内容。

一、财务报告的概念（★）

（一）财务报告的管理

1. 财务报告的概念：是指企业对外提供的反映企业某一特定日期的财务状况和某一会计期间的经营成果、现金流量等会计信息的文件。

2. 企业编制、对外提供和分析利用财务报告的风险：

（1）编制财务报告违反会计法律法规和国家统一的会计准则制度，可能导致企业承担法律责任和声誉受损。

（2）提供虚假财务报告，误导财务报告使用者，造成决策失误，干扰市场秩序。

（3）不能有效利用财务报告，难以及时发现企业经营管理中存在的问题，可能导致企业财务和经营风险失控。

拿分要点

财务报告所提供的关于企业财务状况、经营成果和现金流量等信息是企业投资者、债权人、政府管理者和社会公众等利益相关者评价、考核、监督企业管理者受托经管责任履行状况的基本手段，是企业投资者、债权人等作出投资或信贷决策的重要依据。

（二）财务报告体系

1. 财务报告体系

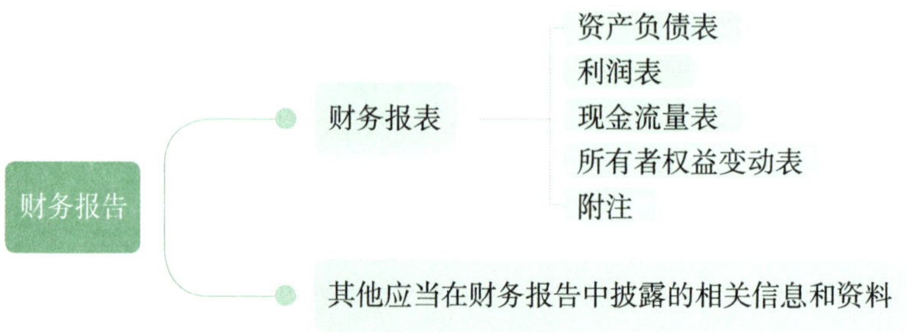

财务报告
- 财务报表
  - 资产负债表
  - 利润表
  - 现金流量表
  - 所有者权益变动表
  - 附注
- 其他应当在财务报告中披露的相关信息和资料

图8-1 财务报告的组成

2. 财务报告的分类

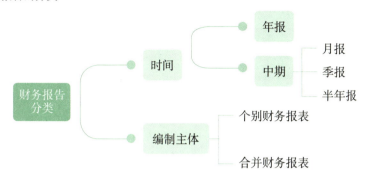

图8-2 财务报告分类

中期，是指短于一个完整的会计年度的报告期间。中期财务报告至少应当包括资产负债表、利润表、现金流量表和附注。

二、财务报告编制要求 (★)

表8-1 财务报告编制要求

项目	内容
依据各项会计准则确认和计量的结果编制财务报表	企业应当根据实际发生的交易和事项，遵循会计基本准则和各项具体会计准则及解释的规定进行确认和计量，并在此基础上编制财务报表
列报基础	企业应当以持续经营为基础编制财务报表
权责发生制	除现金流量表按照收付实现制编制外，企业应当按照权责发生制编制其他财务报表
列报的一致性	财务报表项目的列报应当在各个会计期间保持一致，不得随意变更
依据重要性原则单独或汇总列报项目	重要性是判断财务报表项目是否单独列报的重要标准（依据职业判断，根据性质和金额两方面去判断）
总额列报	财务报表项目应当以总额列报，资产和负债、收入和费用、直接计入当期利润的利得项目和损失项目的金额不能相互抵销，即不得以净额列报，但另有规定的除外
比较信息的列报	企业在列报当期财务报表时，至少应当提供所有列报项目上一个可比会计期间的比较数据，以及与理解当期财务报表相关的说明，提高信息在会计期间的可比性
财务报表表首的列报要求	财务报表通常与其他信息（如企业年度报告等）一起公布，企业应当将按照企业会计准则编制的财务报告与一起公布的同一文件中的其他信息相区分

第二节 资产负债表

一、资产负债表概述（★）

资产负债表，指反映企业在某一特定日期的财务状况的报表。资产负债表主要反映资产、负债和所有者权益三方面的内容，是企业经营活动的静态报表，编制依据是会计恒等式：资产＝负债＋所有者权益

（一）资产

表8-2　资产的分类

资产	资产负债表中的资产反映由过去的交易或事项形成并由企业在某一特定日期所拥有或控制的，预期会给企业带来经济利益的资源。资产应当按照流动资产和非流动资产两大类别在资产负债表中列示，在流动资产和非流动资产类别下进一步按性质分项列示	
	流动资产	流动资产是指预计在一个正常营业周期中变现、出售或耗用，或者主要为交易目的而持有，或者预计在资产负债表日起一年内（含一年）变现的资产，或者自资产负债表日起一年内交换其他资产或清偿负债的能力不受限制的现金或现金等价物
	流动资产项目	流动资产项目通常包括货币资金、交易性金融资产、衍生金融资产、应收票据、应收账款、应收款项融资、预付款项、其他应收款、存货、合同资产、持有待售资产和一年内到期的非流动资产等
	非流动资产及项目内容	非流动资产是指流动资产以外的资产。资产负债表中列示的非流动资产项目通常包括债权投资、其他债权投资、长期应收款、长期股权投资、其他权益工具投资、其他非流动金融资产、投资性房地产、固定资产、在建工程、使用权资产、无形资产、开发支出、长期待摊费用、递延所得税资产以及其他非流动资产等

（二）负债

表8-3　负债的分类

负债	资产负债表中的负债是指过去的交易或者事项形成的、预期会导致经济利益流出企业的现时义务。负债应当按照流动负债和非流动负债在资产负债表中进行列示，在流动负债和非流动负债类别下再进一步按性质分项列示	
	流动负债	流动负债是指预计在一个正常营业周期中清偿或者主要为交易目的而持有，或者自资产负债表日起一年内（含一年）到期应予以清偿，或者企业无权自主地将清偿推迟至资产负债表日后一年以上的负债
	流动负债项目	包括短期借款、交易性金融负债、衍生金融负债、应付票据、应付账款、预收款项、合同负债、应付职工薪酬、应交税费、其他应付款、持有待售负债、一年内到期的非流动负债等
	非流动负债及其项目	非流动负债是指流动负债以外的负债，通常包括长期借款、应付债券、租赁负债、长期应付款、预计负债、递延收益、递延所得税负债和其他非流动负债等

（三）所有者权益

资产负债表中的所有者权益一般按照实收资本（或股本）、其他权益工具、资本公积、其他综合收益、专项储备、盈余公积和未分配利润分项列示。

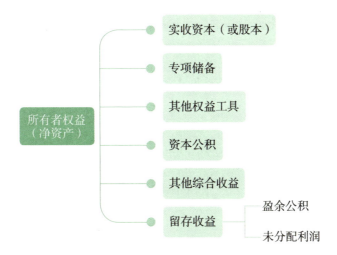

图8-3　所有者权益的构成

二、资产负债表的结构（★）

我国企业的资产负债表采用账户式结构，分为左右两方，可以反映资产、负债、所有者权益之间的内在关系，即"资产＝负债＋所有者权益"，一般由表首、表体两部分组成。

资产负债表（简表）
2021年5月31日

图8-4　资产负债表的结构

三、资产负债表的编制（★★★）

（一）资产负债表项目的填列方法

资产负债表的各项目均需填列"期末余额"和"上年年末余额"两栏。资产负债表"上年年末余额"栏内各项数字，应根据上年年末资产负债表的"期末余额"栏内所列数字填列。

资产负债表的"期末余额"栏主要编制方法和内容如表8-4所示。

表8-4　资产负债表的编制方法及其内容

编制方法	内容
根据总账科目余额填列	1．直接根据有关总账科目的余额填列：如"短期借款""资本公积"等项目 2．根据几个总账科目的期末余额计算填列： 货币资金＝库存现金＋银行存款＋其他货币资金
根据明细账科目余额计算填列	1．"应付账款"＝"应付账款"明细科目期末贷方余额＋"预付账款"明细科目期末贷方余额 2．"应收账款"＝"应收账款"明细科目期末借方余额＋"预收账款"明细科目期末借方余额－"坏账准备"科目中相关坏账准备期末余额 3．"预收款项"＝"预收账款"明细科目的期末贷方金额＋"应收账款"明细科目期末贷方余额 4．"预付款项"＝"预付账款"明细科目期末借方余额（如有坏账准备要减去相应的坏账准备贷方余额）＋"应付账款"明细科目期末借方余额 （预付账款属于资产类科目，借方表示资产增加；应付账款属于负债类科目，借方表示负债的减少）
根据总账科目和明细账科目余额分析计算填列	1．"长期借款"＝"长期借款"总账科目余额－"长期借款"科目所属的明细科目中将在一年内到期且企业不能自主地将清偿义务展期的长期借款的金额 2．"其他非流动资产"＝相关其他非流动资产科目的期末余额－将于一年内（含一年）收回数 3．"其他非流动负债"＝相关其他非流动负债科目的期末余额－将于一年内（含一年）到期偿还数 4．"长期待摊费用"＝"长期待摊费用"期末余额－将于一年内（含一年）摊销的数额
根据有关科目余额减去其备抵科目余额后的净额填列	1．"应收票据""应收账款""长期股权投资""在建工程"项目报表填列，根据上述科目的期末余额减去相关科目的"坏账准备""减值准备"等备抵科目余额后的净额填列 2．"固定资产""投资性房地产"项目报表填列，根据上述科目的期末余额减去"累计折旧""相关资产减值准备"等备抵科目余额以及"固定资产清理"科目期末余额后的净额填列 3．"无形资产"＝"无形资产"－"累计摊销"－"无形资产减值准备" 4．"投资性房地产（采用成本模式计量）"＝"投资性房地产"－"投资性房地产累计折旧"－"投资性房地产减值准备" 【拿分要点】第一组减一种资产减值准备类备抵科目，第二、三、四组减两种备抵科目
综合运用上述填列方法分析填列	"存货"＝"原材料"＋"库存商品"＋"委托加工物资"＋"周转材料"＋"材料采购"＋"在途物资"＋"发出商品"＋"材料成本差异"（借方为加，贷方为减）－"存货跌价准备"（如果有"生产成本"，需要列示到"存货"） 【拿分要点】"工程物资""在建工程""固定资产"三项目不属于存货

（二）资产负债表项目的填列说明

1．资产项目的填列说明

（1）"货币资金"项目，反映企业库存现金、银行结算户存款、外埠存款、银行汇票存款、银行本票存款、信用卡存款、信用证保证金存款等的合计数。本项目应根据"库存现金""银行存款""其他货币资金"科目期末余额的合计数填列。

（2）"交易性金融资产"项目，反映企业资产负债表日分类为以公允价值计量且其变动计入当期损益的金融资产，以及企业持有的直接指定为以公允价值计量且其变动计入当期损益的金融资产的期末账面价值。该项目应根据"交易性金融资产"科目的相关明细科目期末余额分析填列。自资产负债表日起超过一年到期且预期持有超过一年的以公允价值计量且其变动计入当期损益的非流动金融资产的期末账面价值，在"其他非流动金融资产"项目反映。

（3）"应收票据"项目，反映资产负债表日以摊余成本计量的，企业因销售商品、提供服务等收到的商业汇票，包括银行承兑汇票和商业承兑汇票。该项目应根据"应收票据"科目的期末余额，减去"坏账准备"科目中相关坏账准备期末余额后的金额填列。

（4）"应收账款"项目，反映资产负债表日以摊余成本计量的，企业因销售商品、提供服务等经营活动应收取的款项。该项目应根据"应收账款"科目的期末余额，减去"坏账准备"科目中相关坏账准备期末余额后的金额分析填列。

（5）"应收款项融资"项目，反映资产负债表日以公允价值计量且其变动计入其他综合收益的应收票据和应收账款等。

（6）"预付款项"项目，反映企业按照购货合同规定预付给供应单位的款项等。本项目应根据"预付账款"和"应付账款"科目所属各明细科目的期末借方余额合计数，减去"坏账准备"科目中有关预付账款计提的坏账准备期末余额后的净额填列。如"预付账款"科目所属明细科目期末有贷方余额的，应在资产负债表"应付账款"项目内填列。

（7）"其他应收款"项目，反映企业除应收票据、应收账款、预付账款等经营活动以外的其他各种应收、暂付的款项。本项目应根据"应收利息""应收股利""其他应收款"科目的期末余额合计数，减去"坏账准备"科目中相关坏账

准备期末余额后的金额填列。

（8）"存货"项目，反映企业期末在库、在途和在加工中的各种存货的可变现净值或成本（成本与可变现净值孰低）。存货包括各种材料、商品、在产品、半成品、包装物、低值易耗品、发出商品等。本项目应根据"材料采购""原材料""库存商品""周转材料""委托加工物资""发出商品""生产成本""受托代销商品"等科目的期末余额合计数，减去"受托代销商品款""存货跌价准备"科目期末余额后的净额填列。材料采用计划成本核算，以及库存商品采用计划成本核算或售价核算的企业，还应按加或减材料成本差异、商品进销差价后的金额填列。

（9）"合同资产"项目，反映企业按照《企业会计准则第14号——收入》（2017）的相关规定，根据本企业履行履约义务与客户付款之间的关系在资产负债表中列示的合同资产。"合同资产"项目应根据"合同资产"科目的相关明细科目期末余额分析填列，同一合同下的合同资产和合同负债应当以净额列示，其中净额为借方余额的，应当根据其流动性在"合同资产"或"其他非流动资产"项目中填列，已计提减值准备的，还应以减去"合同资产减值准备"科目中相关的期末余额后的金额填列；其中净额为贷方余额的，应当根据其流动性在"合同负债"或"其他非流动负债"项目中填列。

（10）"持有待售资产"项目，反映资产负债表日划分为持有待售类别的非流动资产及划分为持有待售类别的处置组中的流动资产和非流动资产的期末账面价值。该项目应根据"持有待售资产"科目的期末余额，减去"持有待售资产减值准备"科目的期末余额后的金额填列。

（11）"一年内到期的非流动资产"项目，反映企业预计自资产负债表日起一年内变现的非流动资产项目金额。本项目应根据有关科目的期末余额分析填列。

（12）"债权投资"项目，反映资产负债表日企业以摊余成本计量的长期债权投资的期末账面价值。该项目应根据"债权投资"科目的相关明细科目期末余额，减去"债权投资减值准备"科目中相关减值准备的期末余额后的金额分析填列。自资产负债表日起一年内到期的长期债权投资的期末账面价值，在"一年内到期的非流动资产"项目反映。企业购入的以摊余成本计量的一年内到期的债权投资的期末账面价值，在"其他流动资产"项目反映。

（13）"其他债权投资"项目，反映资产负债表日企业分类为以公允价值计量且其变动计入其他综合收益的长期债权投资的期末账面价值。该项目应根据"其他债权投资"科目的相关明细科目期末余额分析填列。自资产负债表日起一年内到期的长期债权投资的期末账面价值，在"一年内到期的非流动资产"项目反映。企业购入的以公允价值计量且其变动计入其他综合收益的一年内到期的债权投资的期末账面价值，在"其他流动资产"项目反映。

（14）"长期应收款"项目，反映企业租赁产生的应收款项和采用递延方式分期收款、实质上具有融资性质的销售商品和提供劳务等经营活动产生的应收款项。本项目应根据"长期应收款"科目的期末余额，减去相应的"未实现融资收益"科目和"坏账准备"科目所属相关明细科目期末余额后的金额填列。

（15）"长期股权投资"项目，反映投资方对被投资单位实施控制、重大影响的权益性投资，以及对其合营企业的权益性投资。本项目应根据"长期股权投资"科目的期末余额，减去"长期股权投资减值准备"科目的期末余额后的净额填列。

（16）"其他权益工具投资"项目，反映资产负债表日企业指定为以公允价值计量且其变动计入其他综合收益的非交易性权益工具投资的期末账面价值。该项目应根据"其他权益工具投资"科目的期末余额填列。

（17）"固定资产"项目，反映资产负债表日企业固定资产的期末账面价值和企业尚未清理完毕的固定资产清理净损益。该项目应根据"固定资产"科目的期末余额，减去"累计折旧"和"固定资产减值准备"科目的期末余额后的金额，以及"固定资产清理"科目的期末余额填列。

（18）"在建工程"项目，反映资产负债表日企业尚未达到预定可使用状态的在建工程的期末账面价值和企业为在建工程准备的各种物资的期末账面价值。该项目应根据"在建工程"科目的期末余额，减去"在建工程减值准备"科目的期末余额后的金额，以及"工程物资"科目的期末余额，减去"工程物资减值准备"科目的期末余额后的金额填列。

（19）"使用权资产"项目，反映资产负债表日承租人企业持有的使用权资产的期末账面价值。该项目应根据"使用权资产"科目的期末余额，减去"使用权资产累计折旧"和"使用权资产减值准备"科目的期末余额后的金额填列。

（20）"无形资产"项目，反映企业持有的专利权、非专利技术、商标权、著作权、土地使用权等无形资产的成本减去累计摊销和减值准备后的净值。本项目应根据"无形资产"科目的期末余额，减去"累计摊销"和"无形资产减值准备"科目期末余额后的净额填列。

（21）"开发支出"项目，反映企业开发无形资产过程中能够资本化形成无形资产成本的支出部分。本项目应当根据"研发支出"科目中所属的"资本化支出"明细科目期末余额填列。

（22）"长期待摊费用"项目，反映企业已经发生但应由本期和以后各期负担的分摊期限在一年以上的各项费用。本项目应根据"长期待摊费用"科目的期末余额，减去将于一年内（含一年）摊销的数额后的金额分析填列。但长期待摊费用的摊销年限只剩一年或不足一年的，或预计在一年内（含一年）进行摊销的部分，不得归类为流动资产，仍在各该非流动资产项目中填列，不转入"一年内到期的非流动资产"项目。

（23）"递延所得税资产"项目，反映企业根据所得税准则确认的可抵扣暂时性差异产生的所得税资产。本项目应根据"递延所得税资产"科目的期末余额填列。

（24）"其他非流动资产"项目，反映企业除上述非流动资产以外的其他非流动资产。本项目应根据有关科目的期末余额填列。

2. 负债项目的填列说明

（1）"短期借款"项目，反映企业向银行或其他金融机构等借入的期限在一年以下（含一年）的各种借款。本项目应根据"短期借款"科目的期末余额填列。

（2）"交易性金融负债"项目，反映企业资产负债表日承担的交易性金融负债，以及企业持有的直接指定为以公允价值计量且其变动计入当期损益的金融负债的期末账面价值。该项目应根据"交易性金融负债"科目的相关明细科目期末余额填列。

（3）"应付票据"项目，反映资产负债表日以摊余成本计量的，企业因购买材料、商品和接受服务等开出、承兑的商业汇票，包括银行承兑汇票和商业承兑汇票。该项目应根据"应付票据"科目的期末余额填列。

（4）"应付账款"项目，反映资产负债表日以摊余成本计量的，企业因购买材料、商品和接受服务等经营活动应支付的款项。该项目应根据"应付账款"和"预付账款"科目所属的相关明细科目的期末贷方余额合计数填列。

（5）"预收款项"项目，反映企业按照合同规定预收的款项。本项目应根据"预收账款"和"应收账款"科目所属各明细科目的期末贷方余额合计数填列。如"预收账款"科目所属明细科目期末有借方余额的，应在资产负债表"应收账款"项目内填列。

（6）"合同负债"项目，反映企业已收或应收客户对价而应向客户转让商品的义务。根据本企业履行履约义务与客户付款之间的关系在资产负债表中列示合同负债。"合同负债"项目应根据"合同负债"的相关明细科目期末余额分析填列。

（7）"应付职工薪酬"项目，反映企业为获得职工提供的服务或解除劳动关系而给予的各种形式的报酬或补偿。本项目应根据"应付职工薪酬"科目所属各明细科目的期末贷方余额分析填列。

（8）"应交税费"项目，反映企业按照税法规定计算应交纳的各种税费，包括增值税、消费税、城市维护建设税、教育费附加、企业所得税、资源税、土地增值税、房产税、城镇土地使用税、车船税、环境保护税等。企业代扣代缴的个人所得税，也通过本项目列示。企业所交纳的税金不需要预计应交数的，如印花税、耕地占用税等，不在本项目列示。本项目应根据"应交税费"科目的期末贷方余额填列。需要说明的是，"应交税费"科目下的"应交增值税""未交增值税""待抵扣进项税额""待认证进项税额""增值税留抵税额"等明细科目期末借方余额应根据情况，在资产负债表中的"其他流动资产"或"其他非流动资产"项目列示；"应交税费——待转销项税额"等科目期末贷方余额应根据情况，在资产负债表中的"其他流动负债"或"其他非流动负债"项目列示；"应交税费"科目下的"未交增值税""简易计税""转让金融商品应交增值税""代扣代交增值税"等科目期末贷方余额应在资产负债表中的"应交税费"项目列示。

（9）"其他应付款"项目，反映企业除应付票据、应付账款、预收账款、应付职工薪酬、应交税费等经营活动以外的其他各项应付、暂收的款项。本项目应根据"应付利息""应付股利""其他应付款"科目的期末余额合计数填列。

（10）"持有待售负债"项目，反映资产负债表日处置组中与划分为持有待售类别的资产直接相关的负债的期末账面价值。本项目应根据"持有待售负债"科目的期末余额填列。

（11）"一年内到期的非流动负债"项目，反映企业非流动负债中将于资产负债表日后一年内到期部分的金额，如将于一年内偿还的长期借款。本项目应根据有关科目的期末余额分析填列。

（12）"长期借款"项目，反映企业向银行或其他金融机构借入的期限在一年以上（不含一年）的各项借款。本项目应根据"长期借款"科目的期末余额，扣除"长期借款"科目所属的明细科目中将在资产负债表日起一年内到期且企业不能自主地将清偿义务展期的长期借款后的金额计算填列。

（13）"应付债券"项目，反映企业为筹集长期资金而发行的债券本金及应付的利息。本项目应根据"应付债券"科目的期末余额分析填列。对于资产负债表日企业发行的金融工具，分为金融负债的，应在本项目填列，对于优先股和永续债还应在本项目下的"优先股"项目和"永续债"项目分别填列。

（14）"租赁负债"项目，反映资产负债表日承租人企业尚未支付的租赁付款额的期末账面价值。该项目应根据"租赁负债"科目的期末余额填列。自资产负债表日起一年内到期应予以清偿的租赁负债的期末账面价值，在"一年内到期的非流动负债"项目反映。

（15）"长期应付款"项目，本项目应根据"长期应付款"科目的期末余额，减去相关的"未确认融资费用"科目的期末余额后的金额，以及"专项应付款"科目的期末余额填列。

（16）"预计负债"项目，反映企业根据或有事项等相关准则确认的各项预计负债，包括对外提供担保、未决诉讼、产品质量保证、重组义务以及固定资产和矿区权益弃置义务等产生的预计负债。本项目应根据"预计负债"科目的期末余额填列。

（17）"递延收益"项目，反映尚待确认的收入或收益。本项目核算包括企业根据政府补助准则确认的应在以后期间计入当期损益的政府补助金额、售后租回形成融资租赁的售价与资产账面价值差额等其他递延性收入。本项目应根据"递延收益"科目的期末余额填列。

（18）"递延所得税负债"项目，反映企业根据所得税准则确认的应纳税暂时性差异产生的所得税负债。本项目应根据"递延所得税负债"科目的期末余额填列。

（19）"其他非流动负债"项目，反映企业除以上非流动负债以外的其他非流动负债。本项目应根据有关科目期末余额，减去将于一年内（含一年）到期偿还数后的余额分析填列。非流动负债各项目中将于一年内（含一年）到期的非流动负债，应在"一年内到期的非流动负债"项目内反映。

3. 所有者权益项目的填列说明

（1）"实收资本（或股本）"项目，反映企业各投资者实际投入的资本（或股本）总额。本项目应根据"实收资本（或股本）"科目的期末余额填列。

（2）"其他权益工具"项目，反映企业发行的除普通股以外分类为权益工具的金融工具的账面价值，并下设"优先股"和"永续债"两个项目，分别反映企业发行的分类为权益工具的优先股和永续债的账面价值。

（3）"资本公积"项目，反映企业收到投资者出资超出其在注册资本或股本中所占的份额以及直接计入所有者权益的利得和损失等。本项目应根据"资本公积"科目的期末余额填列。

（4）"其他综合收益"项目，反映企业其他综合收益的期末余额。本项目应根据"其他综合收益"科目的期末余额填列。

（5）"专项储备"项目，反映高危行业企业按国家规定提取的安全生产费的期末账面价值。本项目应根据"专项储备"科目的期末余额填列。

（6）"盈余公积"项目，反映企业盈余公积的期末余额。本项目应根据"盈余公积"科目的期末余额填列。

（7）"未分配利润"项目，反映企业尚未分配的利润。本项目应根据"本年利润"科目和"利润分配"科目的余额计算填列。未弥补的亏损在本项目内以"－"号填列。

【例题·单选题】某企业为增值税一般纳税人。2020年12月1日，"应交税费"科目所属各明细科目余额为0，当月购入材料取得增值税专用发票注明的增值税税额为78 000元，销售商品开具增值税专用发票注明的增值税税额为72 800元，计提房产税8 000元、车船税2 800元。不考虑其他因素，2020年12月31日资产负债表"应交税费"项目期末余额为（　　）元。（2021年）

A. 72 800　　　　B. 10 800

C. 5 200　　　　D. 5 600

【答案】D

【解析】"应交税费"项目期末余额＝72 800－78 000＋8 000＋2 800＝5 600（元）。

【例题·单选题】下列各项中，资产负债表中"期末余额"根据总账科目余额直接填列的项目是（　　）。（2020年）

A. 开发支出　　B. 在建工程

C. 应付账款　　D. 短期借款

【答案】D

【解析】选项A、C应根据明细账科目余额计算填列；选项B应根据有关科目余额减去其备抵科目余额后的净额填列。

扫一扫"码"上练题

打开微信扫一扫，关注公众号，点击"会计考试GO"小程序，即可线上练题。下载安装"会计学堂"APP，体验更多课程，参与万人模考，助您顺利通关。

基础阶段，建议考生结合视频课程进行学习，消化重难点。
后续可配套《习题精编》进行练习。

第八章

第三节 利润表

扫码听课

一、利润表概述（★）

（一）概念

利润表，又称损益表，是反映企业在一定会计期间的经营成果的报表。

（二）利润表的结构原理

利润表由表首、表体两部分组成，表首部分应当列明报表名称、编制单位名称、编制日期和计量单位；表体部分是利润表的主体，列示了形成经营成果的项目和计算过程。

拿分要点

利润表的表体结构有单步式和多步式两种，我国采用多步式格式。

（三）利润表的作用

利润表的主要作用是有助于使用者分析判断企业净利润的质量及其风险，评价企业经营管理效率，有助于使用者预测企业净利润的持续，从而作出正确决策。

二、利润表的编制——分步式报表（★★★）

分步式利润表的编制项目及其内容如表8-5所示。

表8-5 分步式利润表的编制

项目	计算过程
营业收入	营业收入＝主营业务收入＋其他业务收入
营业利润	营业利润＝营业收入－营业成本－税金及附加－销售费用－管理费用－研发费用－财务费用－资产减值损失－信用减值损失±净敞口套期收益（损失）±公允价值变动收益（损失）±投资收益（损失）＋其他收益±资产处置收益（损失）
利润总额	利润总额＝营业利润＋营业外收入－营业外支出
净利润	净利润＝利润总额－所得税费用
每股收益	每股收益包括基本每股收益和稀释每股收益两项指标
其他综合收益的税后金额	反映企业根据企业会计准则规定未在损益中确认的各项利得和损失扣除所得税影响后的净额
综合收益总额	反映企业净利润与其他综合收益（税后净额）的合计金额

（续上表）

项目	计算过程
主要项目说明	1.　"营业收入"项目，反映企业经营主要业务和其他业务所确认的收入总额。本项目应根据"主营业务收入"和"其他业务收入"科目的发生额分析填列 "营业收入"＝"主营业务收入"＋"其他业务收入" 2.　"营业成本"项目，反映企业经营主要业务和其他业务所发生的成本总额。本项目应根据"主营业务成本"和"其他业务成本"科目的发生额分析填列 "营业成本"＝"主营业务成本"＋"其他业务成本" 3.　"税金及附加"项目，反映企业经营业务应负担的消费税、城市维护建设税、资源税、土地增值税、教育费附加、房产税、车船税、城镇土地使用税、印花税、环境保护税等相关税费。本项目应根据"税金及附加"科目的发生额分析填列 4.　"销售费用"项目，反映企业在销售商品过程中发生的包装费、广告费等费用和为销售本企业商品而专设的销售机构的职工薪酬、业务费等经营费用。本项目应根据"销售费用"科目的发生额分析填列 5.　"管理费用"项目，反映企业为组织和管理生产经营发生的管理费用。本项目应根据"管理费用"科目的发生额分析填列 6.　"研发费用"项目，反映企业进行研究与开发过程中发生的费用化支出以及计入管理费用的自行开发无形资产的摊销。本项目应根据"管理费用"科目下的"研发费用"明细科目的发生额以及"管理费用"科目下"无形资产摊销"明细科目的发生额分析填列 7.　"财务费用"项目，反映企业为筹集生产经营所需资金等而发生的应予费用化的利息支出。本项目应根据"财务费用"科目的发生额分析填列 8.　"其他收益"项目，反映计入其他收益的政府补助，以及其他与日常活动相关且计入其他收益的项目 9.　"投资收益"项目，反映企业以各种方式对外投资所取得的收益。本项目应根据"投资收益"科目的发生额分析填列。如为投资损失，本项目用"—"号填列 10.　"净敞口套期收益"项目，反映净敞口套期下被套期项目累计公允价值变动转入当期损益的金额或现金流量套期储备转入当期损益的金额 11.　"公允价值变动收益"项目，反映企业应当计入当期损益的资产或负债公允价值变动收益。本项目应根据"公允价值变动损益"科目的发生额分析填列，如为净损失，本项目以"—"号填列 12.　"信用减值损失"项目，反映企业计提的各项金融工具信用减值准备所确认的信用损失。该项目应根据"信用减值损失"科目的发生额分析填列 13.　"资产减值损失"项目，反映企业各项资产发生的减值损失。本项目应根据"资产减值损失"科目的发生额分析填列 14.　"资产处置收益"项目，反映企业出售划分为持有待售的非流动资产（金融工具、长期股权投资和投资性房地产除外）或处置组（子公司和业务除外）时确认的处置利得或损失，以及处置未划分为持有待售的固定资产、在建工程、生产性生物资产及无形资产而产生的处置利得或损失。债务重组中因处置非流动资产产生的利得或损失、非货币性资产交换中换出非流动资产产生的利得或损失也包括在本项目内。本项目应根据"资产处置损益"科目的发生额分析填列；如为处置损失，以"—"号填列 15.　"营业利润"项目，反映企业实现的营业利润。如为亏损，本项目以"—"号填列

第八章

（续上表）

项目	计算过程
主要项目说明	16. "营业外收入"项目，反映企业发生的除营业利润以外的收益，主要包括非流动资产毁损报废收益、企业日常活动无关的政府补助、盘盈利得、捐赠利得（企业接受股东或股东的子公司直接或间接的捐赠，经济实质属于股东对企业的资本性投入的除外）等。本项目应根据"营业外收入"科目的发生额分析填列 17. "营业外支出"项目，反映企业发生的除营业利润以外的支出，主要包括公益性捐赠支出、非常损失、盘亏损失、非流动资产毁损报废损失等。本项目应根据"营业外支出"科目的发生额分析填列 18. "利润总额"项目，反映企业实现的利润。如为亏损，本项目以"－"号填列 19. "所得税费用"项目，反映企业应从当期利润总额中扣除的所得税费用。本项目应根据"所得税费用"科目的发生额分析填列 20. "净利润"项目，反映企业实现的净利润。如为亏损，本项目以"－"号填列 21. "其他综合收益的税后净额"项目，反映企业根据企业会计准则规定未在损益中确认的各项利得和损失扣除所得税影响后的净额 22. "综合收益总额"项目，反映企业净利润与其他综合收益（税后净额）的合计金额 "综合收益总额"＝"净利润"＋"其他综合收益的税后净额" 23. "每股收益"项目，包括基本每股收益和稀释每股收益两项指标，反映普通股或潜在普通股已公开交易的企业，以及正处在公开发行普通股或潜在普通股过程中的企业的每股收益信息

【例题·单选题】下列各项中，属于企业利润表中"营业成本"项目列报内容的是（ ）。（2020年）

A. 税金及附加

B. 研发费用

C. 管理费用

D. 其他业务成本

【答案】D

【解析】"营业成本"项目应根据"主营业务成本"和"其他业务成本"科目的发生额分析填列。

【例题·单选题】下列各项中，影响利润表营业利润的是（ ）。（2021年）

A. 接受现金捐赠

B. 税收罚款支出

C. 当期确认的所得税费用

D. 管理不善造成的库存现金短缺

【答案】D

【解析】接受现金捐赠计入营业外收入，税收罚款支出计入营业外支出，均不影响营业利润。当期确认的所得税费用影响净利润不影响营业利润。选项D管理不善造成的库存现金短缺计入管理费用，影响营业利润。

第八章

第四节 现金流量表

提示：本节为教材2022新增内容。

一、现金流量表概述（★）

（一）现金流量表的概念

现金流量表，是指反映企业在一定会计期间现金和现金等价物流入和流出的报表。它是以资产负债表和利润表等会计核算资料为依据，按照收付实现制会计基础要求对现金流量的结构性表述，揭示企业在一定会计期间获取现金及现金等价物的能力。

拿分要点

1. 现金，是指企业库存现金以及可以随时用于支付的存款。不能随时用于支付的存款不属于现金。

2. 现金等价物，是指企业持有的期限短、流动性强、易于转换为已知金额现金、价值变动风险很小的投资。期限短，一般是指从购买日起三个月内到期。现金等价物通常包括三个月内到期的债券投资等。权益性投资变现的金额通常不确定，因而不属于现金等价物。

（二）现金流量表的结构原理

1. 现金流量表的结构内容

现金流量表的基本结构根据"现金流入量—现金流出量＝现金净流量"公式设计。

主要现金流量可以分为三类并在现金流量表中列示，即：经营活动产生的现金流量、投资活动产生的现金流量和筹资活动产生的现金流量。

（1）经营活动产生的现金流量，是指与销售商品、提供劳务有关的现金流量，包括企业投资活动和筹资活动以外的所有交易和事项产生的现金流量。

（2）投资活动产生的现金流量，是指与非流动资产的取得或处置有关的活动产生的现金流量，包括企业长期资产的购建和不包括在现金等价物范围内的投资及其处置活动产生的现金流量，如购买股票或债券支付现金、销售长期投资收回现金、购建或处置固定资产、无形资产等。

（3）筹资活动产生的现金流量，是指涉及企业财务规模的更改或财务结构组成变化的活动，也就是指导致企业资本及债务规模和构成发生变动的活动产生的现金流量。

拿分要点

除上述三类主要现金流量外，企业持有除记账本位币外的以外币为计量单位的资产负债及往来款项时，现金流量表应列示汇率变动对现金及现金等价物的影响。

2. 现金流量表的格式

现金流量表的格式，是指现金流量表结构内容的编排顺序和方式。调整计算方法通常有直接法和间接法两种。

（1）直接法，是指通过现金收入和现金支出的主要类别列示企业经营活动现金流量的一种方法。

（2）间接法，是指将净利润调整为经营活动现金流量的一种方法。

拿分要点

1. 直接法是以利润表中的营业收入为起算点调整计算经营活动产生的现金流量净

额，而间接法则是以净利润为起算点调整计算经营活动产生的现金流量净额，二者的结果是一致的。

2. 直接法编制的现金流量表便于分析经营活动产生的现金流量的来源和用途，预测企业现金流量的未来前景；而以间接法编制的现金流量表则便于将净利润与经营活动产生的现金流量净额进行比较，了解净利润与经营活动产生的现金流量差异的原因，从现金流量的角度分析净利润的质量，二者可以相互验证和补充。

（三）现金流量表的作用

现金流量表提供了企业一定会计期间内现金和现金等价物流入和流出的现金流量信息，可以弥补基于权责发生制基础编报提供的资产负债表和利润表的某些固有缺陷，在资产负债表与利润表之间架起一条连接的纽带和桥梁，揭示企业财务状况与经营成果之间的内在关系，便于会计报表使用者了解企业净利润的质量。

现金流量表分别提供了经营活动、投资活动和筹资活动产生的现金流量，每类又分为若干具体项目，分别从不同角度反映企业业务活动的现金流入、流出及其影响现金净流量的因素，弥补了资产负债表和利润表分类列报内容的某些不足，从而帮助使用者了解和评价企业获取现金及现金等价物的能力，包括企业支付能力、偿债能力和周转能力，进而预测企业未来的现金流量情况，为其决策提供有力依据。

现金流量表以收付实现制为基础，对现金的确认和计量在不同企业间基本一致，提高了企业之间会计信息的可比性，有利于会计报表使用者提高决策的质量和效率。

现金流量表以收付实现制为基础编制，降低了企业盈余管理程度，提高了会计信息质量，有利于更好发挥会计监督职能作用，改善公司治理状况，进而促进实现会计决策有用性和维护经济资源配置秩序、提高经济效益的目标要求。

二、现金流量表的编制（★）

（一）现金流量表的编制要求

现金流量表应当分别经营活动、投资活动和筹资活动列报现金流量，现金流量应当分别按照现金流入和现金流出总额列报。但是，下列各项可以按照净额列报：

（1）代客户收取或支付的现金。

（2）周转快，金额大、期限短项目的现金流入和现金流出。

（3）金融企业的有关项目，包括短期贷款发放与收回的贷款本金、活期存款的吸收与支付、同业存款和存放同业款项的存取、向其他金融企业拆借资金，以及证券的买入与卖出等。

（4）自然灾害损失、保险索赔等特殊项目，应当根据其性质，分别归并到经营活动、投资活动和筹资活动现金流量类别中单独列报。

（5）外币现金流量以及境外子公司的现金流量，应当采用现金流量发生日的即期汇率或按照系统合理的方法确定的、与现金流量发生日即期汇率近似的汇率折算。汇率变动对现金的影响额应当作为调整项目，在现金流量表中单独列报"汇率变动对现金及现金等价物的影响"。

（二）直接法

运用直接法编制现金流量表可采用工作底稿法或T型账户法，也可以根据有关会计科目记录分析填列。

（三）间接法

企业采用间接法编制现金流量表的基本步骤如下。

第一步，将报告期利润表中净利润调节为

经营活动产生的现金流量。具体方法为以净利润为起算点，加上编制利润表时作为净利润减少而报告期没有发生现金流出的填列项目，减去编制利润表时作为净利润增加而报告期没有发生现金流入的填列项目，以及不属于经营活动的现金流量。

1. 应加回的项目

本类项目属于净利润中没有实际支付现金的费用，需要在净利润的基础上分析调整的项目。

（1）"资产减值准备"项目。

（2）"信用损失准备"项目。

（3）"固定资产折旧、油气资产折耗、生产性生物资产折旧"项目。

（4）"无形资产摊销"项目。

（5）"长期待摊费用摊销"项目。

2. 应加回或减去的项目

本类项目属于净利润中没有实际支付现金的费用或没有实际收到现金的收益，需要在净利润的基础上分析调整。

（1）"处置固定资产、无形资产和其他长期资产的损失（收益以'—'号填列）"项目。

（2）"固定资产报废损失（收益以'—'号填列）"项目。

（3）"公允价值变动损失（收益以'—'号填列）"项目。

（4）"财务费用（收益以'—'号填列）"项目。

（5）"投资损失（收益以'—'号填列）"项目。

（6）"递延所得税资产减少（增加以'—'号填列）"项目。

（7）"递延所得税负债增加（减少以'—'号填列）"项目。

（8）"存货的减少（增加以'—'号填列）"项目。

3. 经营性应收应付项目的增减变动

本类项目属于不直接影响净利润的经营活动产生的现金流入量或流出量，需要在净利润的基础上分析调整的项目。

第二步，分析调整不涉及现金收支的重大投资和筹资活动项目。

本项目反映企业一定会计期间内影响资产或负债但不形成该期现金收支的各项投资或筹资活动的信息资料。如企业报告期内实施的债务转为资本、一年内到期的可转换的公司债券、融资租入固定资产等。该类项目虽然不涉及报告期实际的现金流入流出，但对以后各期的现金流量有重大影响。

第三步，分析调整现金及现金等价物净变动情况。

本项目反映现金及现金等价物增减变动及其净增加额。本项目可根据资产负债表中"货币资金"项目及现金等价物期末期初余额及净增额分析计算填列。

第四步，编制正式的现金流量表补充资料。具体方法可采用前述工作底稿法或T型账户法，也可根据有关会计科目记录分析填列。

扫一扫"码"上练题

打开微信扫一扫，关注公众号，点击"会计考试GO"小程序，即可线上练题。下载安装"会计学堂"APP，体验更多课程，参与万人模考，助您顺利通关。

第五节 所有者权益变动表

一、所有者权益变动表的基本原理（★）

（一）所有者权益变动表的概念

所有者权益变动表是反映构成所有者权益的各组成部分当期增减变动情况的报表。

（二）所有者权益变动表的内容

在所有者权益变动表上，企业至少应当单独列示反映下列信息的项目：综合收益总额；会计政策变更和差错更正的累计影响金额；所有者投入资本和向所有者分配利润等；提取的盈余公积；实收资本、其他权益工具、资本公积、其他综合收益、专项储备、盈余公积、未分配利润的期初和期末余额及其调节情况。

（三）所有者权益变动表的主要内容（2022变化）

1. "上年年末余额"项目。

2. "会计政策变更""前期差错更正"项目。

3. "本年增减变动"项目。

二、所有者权益变动表的编制（★）

（一）结构

1. 纵向结构

纵向结构按所有者权益增减变动时间及内容分为"上年年末余额""本年年初余额""本年增减变动金额"和"本年年末余额"四栏。

上年年末余额＋会计政策变更、前期差错更正及其他变动＝本年年初余额

本年年初余额＋本年增减变动金额＝本年年末余额

2. 横向结构

横向结构采用比较式结构，分为"本年金额"和"上年金额"两栏。

实收资本（或股本）＋其他权益工具＋资本公积－库存股＋其他综合收益＋未分配利润＝所有者权益合计

（二）编制

所有者权益变动表各项目均需填列"本年金额"和"上年金额"两栏。"上年金额"栏内各项数字，应根据上年度所有者权益变动表"本年金额"栏内所列数字填列（所列报内容不同时应调整）。

所有者权益变动表"本年金额"栏内各项数字一般应根据"实收资本（或股本）""其他权益工具""资本公积""库存股""其他综合收益""专项储备""盈余公积""利润分配""以前年度损益调整"等科目及其明细科目的发生额分析填列。

第六节　财务报表附注及财务报告信息披露要求

扫码听课

提示：本节为教材2022新增内容。

一、附注的作用（★）

附注主要起到三方面的作用：

第一，附注的编制和披露，是对资产负债表、利润表、现金流量表和所有者权益变动表列示项目含义的补充说明，以帮助财务报表使用者更准确地把握其含义。

第二，附注提供了对资产负债表、利润表、现金流量表和所有者权益变动表中未列示项目的详细或明细说明。

第三，使财务报表使用者全面了解企业的财务状况、经营成果和现金流量以及所有者权益的情况。

二、附注的主要内容（★）

附注是财务报表的重要组成部分。企业应当按照如下顺序披露附注的内容：

1. 企业简介和主要财务指标；

2. 财务报表的编制基础（持续经营基础上还是非持续经营基础上编制的）；

3. 遵循企业会计准则的声明；

4. 重要的会计政策和会计估计；

5. 会计政策和会计估计变更以及差错更正的说明；

6. 报表重要项目的说明；

7. 或有和承诺事项、资产负债表日后非调整事项、关联方关系及其交易等需要说明的事项；

8. 有助于财务报表使用者评价企业管理资本的目标、政策及程序的信息。

三、财务报告信息披露的要求（★）（2022新增）

（一）财务报告信息披露的概念

财务报告信息披露，又称会计信息披露，是指企业对外发布有关其财务状况、经营成果、现金流量等财务信息的过程。

（二）财务报告信息披露的基本要求

财务报告信息披露基本要求，又称财务报告信息披露的基本质量。主要有真实、准确、完整、及时和公平五个方面。

扫一扫"码"上练题

打开微信扫一扫，关注公众号，点击"会计考试GO"小程序，即可线上练题。下载安装"会计学堂"APP，体验更多课程，参与万人模考，助您顺利通关。

第八章